Die Ilias

Hektor

Hektor hat alles erlitten und alles verloren, außer sich selbst. In den Reihen der eher mittelmäßigen Söhne des Priamos ist er der Prinz, dem es bestimmt ist zu regieren. Weder Übermensch noch Halbgott noch göttergleich, sondern Mensch und ein Prinz unter den Menschen. Ganz auf der Höhe seines natürlichen Adels, der weder an zu viel Selbstachtung krankt, noch sich aus übertriebener Achtung für die Götter erniedrigt. Er hat viel zu verlieren, denn er ist begabt und steht aufgrund der inneren Glut, die ihn dazu antreibt, das Schicksal herauszufordern, stets über seinen Begabungen. Hektors Schutzpatron ist Apollon; als Beschützer Trojas, Verteidiger einer Stadt, einer Frau, eines Kindes ist er der Hüter vergänglicher Freuden. Die Leidenschaft für den Ruhm erfüllt ihn, ohne ihn blind zu machen, sie richtet ihn auf, wenn die Hoffnung ihn verlässt: »Zwar das erkenn' ich gewiß in des Herzens Geist und Empfindung / Einst wird kommen der Tag, da die heilige Ilios hinsinkt.« [VI, 447 f., S. 123]* Dennoch hat er gelernt, »tapferen Mutes / Immer zu sein und voran mit Trojas Helden zu kämpfen« [VI, 444 f., S. 122]; dies ist sein aristokratisches Privileg. So zärtlich Andromache ihn auch beschwören mag, hinter diesen Anspruch wird er niemals zurücktreten. Dabei ist er nicht unempfänglich für ihre Klagen. Mehr noch als die Sorge um die Zukunft seines Volkes, seines Vaters und seiner Brüder quält ihn die Sorge um Andromache. Schon die Vorstellung des grausamen Schicksals, das sie erwartet, lässt ihn den Tod herbeisehnen: »Aber es decke mich Toten der aufgeworfene Hügel, / Eh ich deines Geschreies vernehm' und deiner Entführung!« [VI, 464 f., S. 123] Am Vorabend des Krieges umkreisen Hektors Gedanken ein letztes Mal die wirklich wichtigen Dinge des Lebens, die ihm plötzlich unverhüllt, wie eine Zielscheibe vor Augen treten. Die Trostlosigkeit des Abschiednehmens wird die einmal getroffene Entscheidung allerdings nicht rückgängig machen. »Der Krieg gebühret den Männern« [VI, 492, S. 124] und vor allen anderen Trojanern ihm selbst.

* Die Einfügungen in eckigen Klammern stammen von der Herausgeberin. Die Passagen aus der Homer'schen *Ilias* sind zitiert nach der Übersetzung von Johann Heinrich Voss. Text der ersten Ausgabe, Stuttgart, 1976; die Bibel-Passagen stammen aus: *Die Bibel nach Martin Luther*, Stuttgart 2017.

Inhalt

Achill hat nichts zu verlieren, Hektor alles. Und doch ist es Achill und nicht Hektor, der trotz seiner Triumphe voller Ressentiments ist und nicht davon ablassen kann, »sich des Grams zu ersättigen« [XXIII, 157, S. 456]. In der *Illias* ist derjenige, der den größten Groll in sich trägt, nicht der Schwache, sondern im Gegenteil der Held, unter dessen Kraft sich alles andere beugt. Hektors Wille zur Größe gerät zu keinem Zeitpunkt in Konflikt mit dem Willen zum Glück. Noch ein Funke wahren Glücks, der mehr als alles andere zählt, da er mit der Wahrheit des Lebens selbst zusammenfällt, ist es ihm wert, unter Aufopferung eben dieses Lebens verteidigt zu werden, denn aus ihm hat es sein Maß, seine Form und seinen Wert erhalten. Das Heldentums Achills, das sich aus Unzufriedenheit und Rastlosigkeit speist, vermag Hektors im Kampf unterlegenen Mut nicht auszulöschen. Dennoch bremst die *Fähigkeit* zum Glück, durch die fruchtbare Kulturen belohnt werden, den Elan des Verteidigers, indem sie ihm das enorme Opfer vor Augen führt, das die Kriegsgötter fordern. Zum Krieg kommt es erst dann, wenn der Appetit auf das Glück gestillt ist, der den ungehobelten Angreifer zu seiner Beute treibt und ihm »die zähe Kraft des Kämpfens und unablässigen Bekriegens in die Seele brennt.«

Sterben bedeutet für Hektor, alles, was er liebt, einer qualvollen Zerstörung zu überlassen; sich zurückziehen würde bedeuteten, das zu verleugnen, was ihn überleben wird: den »Ruhm« nämlich, Gegenstand eines Gesanges, in dem Troja in zukünftigen Jahrhunderten wieder auferstehen wird. Vor den Festungsmauern, zu denen er geht, um Achill zu treffen, wird Hektor von den Vorahnungen der Niederlage erschüttert, die ihm von Priamos und Hekabe eingegeben worden sind; er reagiert mit äußerstem Zögern. Weshalb nicht nach der bewährten Formel, »den Frieden in Würde« bewahren, Achill die Rückkehr von Helena versprechen und dazu die Aufteilung aller Reichtümer Trojas? Rasch jedoch gelangt er zur Besinnung: In Wahrheit ist es ja gar nicht Achill, der über den Krieg entscheidet, sondern der Krieg selbst, der die Entscheidungen trifft. Ebenso wenig wie man einen Wirbelsturm durch Versprechungen zu besänftigen vermag, kann man den Krieg durch Vernunft befrieden und menschliche Empfindungen in ihm auslösen. »Besser zu feindlichem Kampfe hinangerannt, daß wir eilig / Sehn, wem von uns der Olympier Ehre verleihe!« [XXII, 129 f., S. 439] Dies ist vielleicht das erste Mal, dass Achill sich seiner eigenen Schwäche ausgeliefert sieht. Als er den hervorschnellenden Feind bemerkt, kann er seine Furcht kaum mehr im Zaum halten. Er, der Unerschrockene, der viele Male den Sieg davontragen konnte, der sich Ajax gestellt hatte und den Tapfersten der Griechen, »wandte vom Tore sich, ängstlich entfliehend« [XXII, 137, S. 439]. Homer hat Achill als ganzen Menschen darstellen wollen und ihm folglich weder das Zittern des Schreckens noch die Demütigung der Feigheit erspart. »Hier nun rannten vorbei der Fliehende und der Verfolger. / Vornan floh ein Starker, jedoch ein Stärkerer folgte / Stürmenden Laufs« [XXII, 157 f., S. 440]. Diese Flucht, auch wenn sie nicht lange währt, gerinnt zu einem Alptraum ohne Ende. »Wie man im Traum umsonst den Fliehenden strebt zu verfolgen / (Nicht kann dieser hinweg ihm entfliehen, noch jener verfolgen): / Also ergriff nicht dieser im Lauf noch enteilete jener.« [XXII, 199–201, S. 441] Homer berührt hier die Grundfeste des Schreckens im Universum, für die es weder Lösung noch Erlösung gibt. Die Jagd des Verfolgers und die Flucht des Opfers verlängern sich über die Stadtmauern Trojas hinaus bis an die Grenzen des Universums. »Und die Ewigen schaueten alle« [XXII, 166, S. 440]. Mit einer Anstrengung, die man übermenschlich nennen müsste, wäre sie nicht das Maß und der Inbegriff des Menschlichen selbst, findet Hektor am Ende seine Selbstbeherrschung wieder und damit seine Bereitschaft, sich dem Feind zu stellen. »Nicht hinfort, o Peleid' entflieh ich dir so wie bis jetzo! / (…) ich töte dich oder ich falle.« [XXII, 250–253, S. 443] Derjenige, vor dem er bislang geflohen ist und dem er nun bereit ist, sich zu stellen, ist nicht Achill »der Gewaltige« [XXI, 527, S. 433], sondern das eigene Schicksal, die vorherbestimmte Stunde, in der er in den Schlund des Hades geworfen werden wird. Er wird nicht ehrlos sterben, nicht ohne zuvor gekämpft zu haben. Sterbend fleht er Achill ein letztes Mal an, seinen Körper nicht den Hunden zum Fraß vorzuwerfen, und ein letztes Mal weist der Sieger, trunken vor Grausamkeit, sein Ansinnen zurück. Das ist der Moment, in dem Achill begreift, dass er kein Mensch mehr ist. Er bekennt: »Wie kein Bund die Löwen und die Menschenkinder befreundet, / (…) So ist nimmer für uns Vereinigung oder ein Bündnis.«[XXII, 262–265, S. 443] In der Verlorenheit der Agonie erkennt Hektor endlich seinen Fehler und ergibt sich der Wahrheit und dem Tod: »Ach, ich kenne dich wohl und ahndete, nicht zu erweichen / Wärest du mir, denn eisern ist, traun, dein Herz in dem Busen.« [XXII, 356 f., S. 446]

In einer gottlosen Welt wird das Schicksal zur entscheidenden Instanz. Hektor bezahlt die wenig ruhmreiche Ermordung des Patroklos, ebenso wie Achill später für den Tod Hektors büßen wird. »Gleich ist Ares gesinnt, und oft auch den Würgenden würgt er.« [XVIII, 309, S. 374] In der Erregung des Gemetzels verstößt Hektor selbst gegen den Ehrenkodex. Den am Boden liegenden Gegner zu beleidigen, widerstrebt ihm ebenso wenig wie seinem Widersacher. Beide treiben gleichermaßen ihre Rache bis zum Äußersten. Sie schänden den Leib ihres Opfers, um noch dessen Seele zu töten. Bewusst werden die beiden Szenen, in denen der Besiegte im Tode gedemütigt wird, parallel geführt. Patroklos verkündet Hektor »das Ende des Todes«

[XVI, 853, S. 339], Hektor prophezeit Achill den Tod »am hohen skäischen Tore« [XXII, 360, S. 446]. Indem der Krieg die Einzigartigkeit auslöscht, hebt er zugleich alle Unterschiede auf: Hektor oder Achill – der Sieger gleicht allen Siegern, der Verlierer allen Verlierern. Homer erspart uns dieses Schauspiel nicht. Dennoch ist in seinen Augen die kriegerische Energie der Motor jeder Form von individueller Energie und damit der männlichen Tugend des Kollektivbewusstseins sowie allgemein der Ursprung allen kreativen Handelns. Sie ist es, die Individuen und Völkern den Willen zum Ruhm eingibt und sich in ihnen in die Liebe zur Unsterblichkeit verwandelt. Zugleich sind es jedoch gerade diese Allmachtsfantasien, die in der gesamten *Ilias* die Rache des Schicksals auf den Plan rufen. Abgesehen von moralischen Sanktionen und göttlichen Imperativen, *lässt die Vergeltungssucht der antiken Nemesis Handlungen, auch wenn sie nicht sündhaft sind, noch im Nachhinein als schuldhaft erscheinen*. Erst in dem Moment, in dem der Vater aller Götter auf seiner goldenen Waage die Entscheidung des Schicksals ermittelt, kann der Mörder seine heilige Mission erfüllen: Er steht nun unter dem Schutz der Unsterblichen. Sobald er jedoch im Vollbesitz seiner gesammelten Kräfte sein Ziel erreicht hat, sinkt er wieder auf die Stufe der verwundbaren Kreatur hinab.

Außer in dem Moment, in dem die Gewalt sich an sich selbst vergeht und verschwendet, im Exzess also, ist sie weder zu Selbsterkenntnis noch zu Selbstgenuss fähig. Die anmaßende Anstrengung, das mörderische Wetterleuchten, in denen Berechnung, Glück und Macht zusammenfließen, um die menschlichen Möglichkeiten, mit einem Wort, *die Schönheit der Gewalt*, herauszufordern, ist nirgendwo (außer in der Bibel, die sie in Gott allein besingt und lobpreist) eindrucksvoller dargestellt worden als bei Homer. Dabei feiert er die Schönheit seiner Krieger keineswegs, um sie zu idealisieren oder zu stilisieren: Achill ist schön, Hektor ist schön, weil die Kraft an sich schön ist und weil einzig die Kraft der Allmacht, die zur Allmacht der Schönheit wird, im Menschen dessen vollkommenes Einverständnis mit seiner Zerstörung bewirkt, seiner Zerschmetterung, diesen absoluten Kniefall, der ihn, im Augenblick der Anbetung, bedingungslos an die Kraft ausliefert. Aus diesem Grunde erscheint uns die Kraft in der *Ilias* zugleich als äußerste Wirklichkeit und äußerste Illusion der Existenz. Homer vergöttlicht in ihr die Überfülle des Lebens und die Ekstase des Opfers, die in der Verachtung des Todes explodieren, und zugleich macht er auf die Fatalität aufmerksam, die sie in Trägheit verwandelt, jenen blinden Impuls, der sie auf den Gipfel ihrer Entwicklungsmöglichkeiten treibt, bis hin zur Auslöschung ihrer selbst und damit aller Werte, die sich aus ihr ableiten. Um die Verdummung aufzuzeigen, deren Folge die Illusion der Allmacht ist, wählt Homer nicht Achill oder Ajax, sondern den König der Weisen. Berauscht von einem vorübergehenden Sieg, büßt Hektor plötzlich sein Reflexionsvermögen ein, seinen natürlichen Sinn für Maß und Begrenzung. Entschieden weist er die klugen Ratschläge des Polydamas zurück, ja er bedroht ihn sogar mit dem Tod, da seine Motive angeblich zersetzender Natur seien. Zweifellos hat Polydamas recht, wenn er seinerseits Hektor beschuldigt, im Kriegsrat keinen Widerspruch zu dulden. »Red ich heilsamen Rat, dann traun, mitnichten geziemt es, / Anderer Meinung zu sein, dem Gehorchenden, weder im Rate / Noch in der Schlacht, vielmehr Dein Ansehn stets zu vergrößern« [XII, 212–124, S. 234]. Niemals übersteigt der Held, selbst Achill nicht, seine menschlichen Möglichkeiten: Nichts ist in Hektor, weder Mut noch Adel noch Weisheit, das nicht vom Krieg gebeugt und besudelt wäre, nichts außer seiner Selbstachtung, die ihn zum Mann macht und die es ihm erlaubt, sich im Angesicht des Unabänderlichen auf sich selbst zu besinnen und dem Tode mit äußerster Hellsicht ins Auge zu sehen.

Hektor hat alles verloren außer dem Ruhm, »wovon auch Künftige hören!« [XXII, 305, S. 444] Für die Krieger Homers ist der Ruhm keineswegs eine schmeichelhafte Illusion oder ein eitles Prahlen, sondern die genaue Entsprechung dessen, was für den Gläubigen die Erlösung ist: die Gewissheit der Unsterblichkeit außerhalb der Geschichte, in der äußersten Abspaltung des Poetischen. Erbittert kämpft Achill mit Hektors sterblichen Überresten. Tagelang ergeht er sich bereits im Morgengrauen in Racheakten. Dreimal schleift er den Körper seines unglücklichen Widersachers um das Grab des Patroklos, um ihn schließlich im Staub liegen zu lassen. Seine unstillbaren Rachegelüste ergießen sich zugleich über den Mörder des Patroklos und über denjenigen, der längst besiegt ist und der ihm die Nutzlosigkeit seines Sieges und seinen eigenen unvermeidlichen Tod vor Augen führt. Auch wenn die Götter Hektor alles genommen haben: Die Schönheit, die in der besiegten Gewalt überlebt hat, können und wollen sie ihm nicht nehmen. Selbst als er mit dem Gesicht im Staub liegt, ist er immer noch schön. »Aber Apollon / Schützte den schönen Leib vor Entstellungen« [XXIV, 18 f., S. 481], »die Hund' entfernte die Tochter Zeus' Aphrodite / Tag und Nacht« [XXIII, 185 f., S. 457]. In der vollkommenen Gestalt des jungen Kriegers wird er zu Priamos zurückkehren. Als der Vater, vor seinem Treffen mit Achill, seinen Führer Hermes ängstlich befragt, beschwichtigt dieser ihn mit folgenden Worten: »Mit Bewunderung sähest du selber, / Wie er so frisch und tauig, umher vom Blute gereinigt, / Daliegt, nirgend befleckt, und die Wunden sich alle geschlossen, / Die ihn durchbohrt, so viel' auch das Erz auf jenen gezücket. / Also walten des edelen Sohns die seligen Götter / Dir im Tode sogar, denn geliebt war er jenen von Herzen.« [XXIV, 418–423, S. 493]

So ist es eigentlich nicht der Zorn Achills, sondern der Zweikampf von Achill und Hektor, sprich der tragische Konflikt des Helden der Rache und des Helden des Widerstands, der den Zusammenhalt und die Fortführung des eigentlichen Zentralmotivs der *Ilias* verbürgt. Den Göttern und der Notwendigkeit zum Trotz wird ein Freiheitsfunken sichtbar, der garantiert, dass das Schauspiel weder in unseren Augen noch in denen des göttlichen Zuschauers Zeus als ein von vornherein entschiedenes wahrgenommen wird. Im Rhythmus der Kämpfe gleichen sich das Ungestüm der Angreifer und die Wachsamkeit der Belagerten derart aus, dass dies in allen Beteiligten das permanente Bewusstsein einer ungewissen Zukunft erzeugt. Dennoch geben es weder die Griechen noch die Trojaner auf, die glücklichen Geschicke des jeweils anderen innerhalb der »unendlichen Abfolge von Duellen«, aus denen der Trojanische Krieg besteht, mit tauber Hellsicht zu verfolgen. Was immer ihnen auch zustößt, niemals verlieren sie den Glauben an die eigene Unbesiegbarkeit, zugleich können sich die Könige von Troja noch auf dem Höhepunkt ihrer Siege niemals der Vorahnung einer Niederlage erwehren. Als Hektor es wagt, Achill herauszufordern, ohne sich die Frage zu stellen, ob er ihn denn überhaupt bezwingen kann, hat er bereits den Großteil seiner Energie darauf verwendet, sich selbst zu bezwingen. Die Aufgabe Achills ist es, in der Zerstörung dennoch die Quellen und die

Ressourcen der Lebensenergie zu bewahren, während die Berufung Hektors darin besteht, durch sein Selbstopfer den heiligen Bund zu retten, dessen Schutz dem Werdenden seine tiefe Kontinuität verleiht. Doch erst im Augenblick des entscheidenden Kampfes erreichen Hektors gereifter Mut, der die volle Kontrolle über sich selbst zurückerlangt hat, und der äußerste Zorn Achills, der in eine mörderische Ekstase mündet, ihre wahre Bedeutung. In diesem Lichte betrachtet, erscheinen die Schicksale Achills und Hektors in Trauer, Tod und Unsterblichkeit untrennbar miteinander verbunden. Während die Geschichte aus nichts als Bollwerken und Begrenzungen zu bestehen scheint, wird in der Poesie, jenseits der dargestellten Konflikte, die geheimnisvolle Bestimmung deutlich, welche die Widersacher in ihrer unentrinnbaren Begegnung einander ebenbürtig macht. Homer fordert Wiedergutmachung einzig von der Poesie, die der neu gewonnenen Schönheit das Geheimnis der von der Geschichte negierten Gerechtigkeit raubt. Sie allein erstattet der verdunkelten Welt die vom Stolz trübe gewordene Würde der Sieger und das Schweigen der Besiegten zurück. Mögen die anderen Zeus anklagen und sich darüber wundern, dass er es zulässt, »die Bösen und die Guten, diejenigen, deren Seele zur Gerechtigkeit strebt, und diejenigen, die der Ungerechtigkeit gehorchen und sich der Gewalt überlassen, auf dieselbe Stufe zu stellen.«[1]

Homer wundert sich nicht, noch empört er sich,

noch hofft er auf eine Antwort. Wo sind in der *Ilias* die Guten? Wo die Bösen? Wohin man auch blickt, nichts als leidende Menschen, Krieger im Kampf, die triumphieren oder unterliegen. Die Forderungen der Gerechtigkeit werden allein in der Trauer um sie und im Bekenntnis zum Schweigen kenntlich. Die Kraft, sie zu verdammen oder sie freizusprechen, würde bedeuten, das Leben selbst zu verdammen oder freizusprechen. Das Leben jedoch ist in der *Ilias*, nicht anders als in der Bibel oder in *Krieg und Frieden*, eben das, was von den Lebenden nicht bewertet, gemessen, verdammt oder gerechtfertigt werden kann. Das einzige Urteil, das es über sich selbst abgeben kann, besteht in der Erkenntnis der eigenen Unaussprechlichkeit. Eine solche Akzeptanz ohne innere Verhärtung, die dem tiefsten Kern des Seins entspricht, ist weit entfernt von den Vorstellungen der Stoiker.

Als Tochter der Bitternis stellt sich die Philosophie der *Ilias* dennoch gegen die Verbitterung, denn ihre Wurzel liegt vor der Scheidung von Natur und Sein. In ihr ist das Ganze kein Gefüge kaputter Einzelteile, die von der Vernunft mehr schlecht als recht verklebt wurden, sondern der aktive Ursprung der gegenseitigen Durchdringung aller Teile, aus denen sie besteht. Die Bühne, auf der sich das Unabänderliche vollzieht, ist zugleich das Herz des Menschen und der Kosmos. Der ewigen Blindheit der Geschichte steht die hellsichtige Schaffenskraft des Dichters entgegen, der den zukünftigen Generationen Heldengestalten entwirft, göttlicher als die Götter und menschlicher als die Menschen.

Thetis und Achill

Gibt es jemanden, der in seiner Hellsichtigkeit zärtlicher und in seiner Genauigkeit sensibler gewesen wäre als Homer, wenn er die gegenseitige Anhänglichkeit von Thetis und Achill beschreibt? Dieser jähzornige, tobsüchtige Mensch, der trunken ist vor Lust auf Taten und Unheil, hat eine Göttin zur Mutter, eine leichtfüßige Nereide, deren Anmut von Ruhe bemäntelt ist. Von der Höhle am Grund des Meeres aus, in der sie mit ihrem alten Vater lebt, wacht sie über ihren Sohn. »Aus den Tiefen des Meeres« [XVIII, 36, S. 366] und vom Olymp aus stürzt sie sich auf ihn, um ihn zu ermahnen und zu beschwichtigen. Ihre besorgte Liebe, die aus dem Wissen um das menschliche Elend herrührt, führt dazu, dass sie ihrer eigenen Unsterblichkeit mit Verachtung begegnet. Neben dem irdischen Achill – halb Gott aufgrund seiner Kräfte, halb Tier aufgrund seiner Gewalttätigkeit – wird Thetis, um den Tod erahnen und erleiden zu können, selbst zu einem irdischen Wesen.

Bezaubernd ist sie, als sie sich, von Zeus gerufen, in einen dunkelblauen Mantel hüllt (»noch keinen umhüllet schwärzere Kleidung« [XXIV, 94, S. 483]), um den dichten Schaum des Meeres zu spalten. Die Götter lieben Thetis und begegnen ihr mit Wohlwollen. Athene tritt ihr sogar den Platz an der Seite ihres Vaters Zeus ab. Hephaistos beeilt sich, ihr alle Wünsche zu erfüllen. Thetis aber flieht vor den Olympiern. In beständiger Sorge um ihren verfluchten Sohn, »denn immer / Kommt zu ihm die Mutter, sowohl bei Nacht wie bei Tage« [XXIV, 73, S. 482], fürchtet sie sich vor der Sorglosigkeit der Götter, die ihren »unendlichen Jammer« [XVIII, 88, S. 367] verletzen, und verweigert sich ihrer Gemeinsamkeit. Sie kann nicht vergessen, wie Zeus die Göttin in ihr erniedrigte, indem er sie einst dem Peleus, dessen bitteres Alter auf ihrer unsterblichen Jugend lastet, zur Frau gab. Und so fühlt sie sich eher als Tochter des Meeres und Mutter Achills denn als Frau des Peleus. In dieser Liebe, die eine doppelte Bitternis vor langsamer Auszehrung bewahrt, zeigt sich ihre menschliche und göttliche Natur. Es ist dieses doppelte Band, das sie mit den kosmischen Elementen und den menschlichen Leidenschaften verbindet; deshalb verbinden sich in ihr Existenz und Fabel.

Thetis bewahrt sich die Frische einer jungen Mutter, die sich über ihr Kind beugt, um es vor der Welt zu schützen. Wie gut sie ihren Sohn doch kennt, diese Nereide in ihrem Palast aus Wellen, und was für einen Scharfblick die Besessenheit vom Unheil, das ihr den Sohn rauben wird, ihrer Liebe verleiht. So sehr sie auch um sein Leben fürchtet, niemals wird sie versuchen, ihn von seinem Entschluss abzubringen, die Trojaner zu bestrafen. »Nicht mir wehre den Kampf, du Liebende, nimmer gehorch' ich!« [XVIII, 126, S. 369] Thetis gestattet sich allerdings nicht, ihre Zeit mit nutzlosen Klagen zu verschwenden. Sie beschränkt sich darauf, Achill aus den Klauen seines rasenden Grolls zu befreien und seinen zukünftigen Taten ein edleres Motiv als Rache unterzuschieben: »nicht übel ist solches, / Seine geängsteten Freunde vor Tod und Verderben zu schützen.« [XVIII, 128 f., S. 369] Statt ihn anzuklagen, steht Thetis für ihn ein. Sie verteidigt sein Anliegen vor Zeus, indem sie ihn bittet, auf die neuen Waffen zu warten, die Hephaistos ihm auf sein Bitten hin besorgen wird. An sie wendet sich Zeus, um den wütenden Achill zur Vernunft zu bringen und ihn davon zu überzeugen, Priamos die sterblichen Überreste Hektors zu überlassen. Zärtlich tröstet Thetis ihren Sohn, »Nahe dem Sohn nun setzte sich hin die erhabene Mutter, / Streichelt' ihn sanft mit der Hand und redet, also beginnend« [XXIV, 126 f., S. 484], indem sie ihn »mit allen seinen Namen« anredet. Achill beugt sich den Befehlen der Götter, die ihm von seiner Mutter übermittelt worden sind, der Unbezähmbare wird plötzlich zahm: Im Gehorsam findet er einen Moment lang die Gleichmut, die seiner Natur ansonsten fremd ist.

So konventionell die Achtung Hektors für seine »würdige Mutter«, die langweilig-feierliche Hekabe ist, so wahrhaftig, spontan und glühend ist die Sohnesliebe Achills für Thetis. Hektor hat Andromache, Achill nur ein paar schöne Gefangene, die sich gefügig-wehklagend seinen Befehlen ergeben und ihm mit ihrem Schluchzen antworten: »Um Patroklos zum Schein, doch jed' um ihr eigenes Elend.« [XIX, 302, S. 394] Der kräftige Atride, der ihm Briseis, sprich »seinen Teil der Ehre« raubte, hat seine Selbstliebe tiefer als die Liebe zu ihr verletzt. Abgesehen von Patroklos, ist Thetis mit ihren langen Zöpfen – der Inbegriff unsterblicher Mutterliebe – das einzige Wesen, das Achill zu lieben vermag. In ihrer Gegenwart allein kommt er zur Ruhe und gewinnt seine Menschlichkeit, das natürliche Bedürfnis nach Schutz und Trost, zurück. Nicht als stolze Mutter des triumphierenden Helden tritt Thetis in Erscheinung, sondern als leidgeprüfte Mutter ihres sterbenden Sohnes.[2] Allein durch sie gewinnt Achill eine Vorstellung von den menschlichen Größenordnungen; sie ist es, die verhindert, dass er sich im Mythos verflüchtigt. Alle Überheblichkeit und aller Bombast verschwinden: Vom Helden der Gewalt hören wir nun die Schreie enttäuschter Erwartungen. Thetis hat ihren Sohn, den sie »mit Fleiß wie eine Pflanz' im fruchtbaren Acker« [XVIII, 57, S. 366] erzog, nicht unverwundbar machen können. Deshalb rührt er unser Herz: Sein Schicksal, das vielleicht sogar schwerer wiegt als das von Hektor, nagelt ihn auf das Unheil fest. Da er der Ungerechtigkeit ausgeliefert ist, kann er sich nicht aussuchen, ob er sie ausüben oder erleiden wird.

Es sind also eigentlich nicht die Taten seiner Protagonisten, sondern vielmehr ihre Art zu lieben beziehungsweise die Objekte ihrer Liebe selbst, durch die Homer die tiefste Natur des menschlichen Wesens erhellt. Hektor vergisst in dem, was er liebt, sich selbst. Achill bewundert in Patroklos im Grunde das eigene, gereinigte Bild,[3] in Thetis hingegen, seinem Ebenbild, den heiligen Ursprung seiner Abstammung. Noch inmitten äußerster Bedrohung, im kraftvollen, reinen Krieg, erblüht die vollkommene Vertrautheit zweier Wesen: die Liebe von Andromache und Hektor, die Zuneigung von Thetis und Achill. Mag der Mörder des jungen Lykaon auch noch so erbarmungslos, noch so unmenschlich sein, er ist und bleibt Thetis Sohn. Ihr verdankt seine Kraft den Anhauch des Geflügelten, das unerwartete Moment der Großzügigkeit. Es ist keine Niedertracht in Achill: Seine reine Kraft ist groß genug, um die Lüge zu verachten und die List zu verschmähen; sie tötet, doch sie entwürdigt das Opfer nicht, noch entwürdigt sie sich selbst in der Befriedigung des Tötens. Seine Doppelnatur als menschliches und göttliches Wesen bringt in Achill alle nur denkbaren Konflikte und Dissonanzen hervor. Als Gott neidet er den Göttern ihre Allmacht und ihre Unsterblichkeit; in seiner Qualität als Mensch neidet er den Tieren ihre Wildheit und würde die Leiber seiner Opfer am liebsten zerfleischen und roh verschlingen. Der Rausch des Selbstverlustes in einem Anfall von Angriffslust ist jedoch weder mit Opferbereitschaft noch mit Verantwortungsbewusstsein gleichzusetzen. Umgeben von seinen Myrmidonen, eher Anführer einer Bande denn ein König, ist Achill sein Reich im Grunde herzlich gleichgültig. Er weiß, dass das Schicksal ihn auf zwei unterschiedlichen Wegen »zum Tode« führen kann. Er hat den steilen Weg, der ihn an den Rand des Abgrunds führen wird, gewählt, hat hingenommen, dass er, um der Lust willen, die Trojaner niederzumetzeln, um Rache an Patroklos zu nehmen und damit Freund und Feind das Fürchten zu lehren, weder sein Vaterland noch seinen Vater noch seinen Sohn Neoptolemos jemals wieder sehen wird.

Mit erstaunlicher Objektivität zeigt Homer in der Apotheose des Helden der Kraft zugleich die Grenzen der Kraft auf. An seiner Grausamkeit wird die Ohnmacht der Kraft deutlich: Sie ist nicht allmächtig. Die Grausamkeit verausgabt sich proportional zu der sich sukzessive entwickelnden Einsicht in all das, was schlechthin unbesiegbar ist. Als Achill sich mit dem Schrei »Allen den Tod« zu Lykaon begibt und das Flehen des jungen Mannes mit einem Lachen quittiert, macht er die Grenzen der ewigen Zerstörungswut deutlich. Wir erkennen die Schwäche im Herzen der Kraft: Unfähig, die

Unmöglichkeit vollkommener Zerstörung zu begreifen, kann der Sieger auf die stumme Herausforderung durch den entwaffneten Gegner einzig mit immer tragischerer Gewalt antworten. Der Geist, den Homer indes niemals beim Namen nennt und der in dem gesamten Epos abwesend zu sein scheint, taucht ausgerechnet dort auf, wo die Kraft schwächer wird; er erscheint dem flüchtigen Hindernis wesensverwandt, das jeder neue Angriff wieder zum Vorschein bringt. Achill wird niemals das letzte Wort über diejenigen sprechen, die er tötet: Die Jugend Lykaons wird, ebenso wie die Weisheit Priamos' und die Schönheit Ilios', wiederauferstehen. Die Größe Achills vermag ihre Faszination immer nur in Momenten königlicher Ruhe auszuströmen, dann, wenn die ihm innewohnende Kraft nicht an die äußersten Grenzen seiner Macht stößt.

Es ist aber nicht das Heldentum Achills, das uns den Atem raubt, sondern gerade sein Ungenügen, seine stupende Undankbarkeit. Achill ist das Spielzeug des Krieges, das Vergnügen, reiche Städte auszuplündern, die Wollust des Zorns, der »weit süßer zuerst dann sanft eingleitende Honig, / Bald in der Männer Brust aufwächst wie dampfendes Feuer!« [XVIII, 109 f., S. 368] Achill steht für den nutzlosen Triumph und für aussichtslose Unternehmungen. Ohne ihn wäre die Menschheit längst befriedet. Ohne ihn würde die Menschheit vor Langeweile einschlafen, lange bevor unser Planet ganz und gar erkaltet wäre.

Helena

Zur Versinnbildlichung erotischer Verfallenheit hat Homer die ernsteste und würdigste Figur des Epos bestimmt. Als Büßerin durchwandert Helena, in lange weiße Schleier gehüllt, die *Ilias* mit einer Majestät, die ihr die Vollkommenheit ihres Unglücks und ihrer Schönheit verleiht. Diese königliche Gefangene ist das Unfreieste aller Geschöpfe, unfreier noch als die Sklavin, die in ihrem Herzen das Ende der Unterdrückung erwartet. Kann Helena auf den Tod der Unsterblichen hoffen? Nicht die Menschen, sondern die Götter sind es schließlich, die es darauf anlegen, sie zu unterjochen. Ihr Schicksal hängt nicht vom Ausgang des Krieges ab: Ob nun Paris oder Menelaos den Sieg davontragen werden, für sie ist es eins. Ihre Passivität erscheint als Kehrseite der Leidenschaften, deren Gefangene sie aufgrund ihrer Schönheit ist. Was immer Aphrodite auch befehlen mag, Helena muss sich beugen, selbst gegen den inneren Widerwillen, den sie dabei verspürt. Der Genuss, den die Göttin ihr entreißt, verschafft ihr immer grausamere Demütigungen, und so bleibt ihr keine andere Wahl, als ihren ohnmächtigen Zorn über sich selbst auszuschütten, um auf diese Weise an den Göttern Rache zu nehmen. Es scheint, als lebe sie im Grunde genommen einzig aus dem Entsetzen über sich selbst heraus: »Oh wär' ich zuvor doch gestorben!« [XXIV, 764, S. 503] Dies ist die Klage, die man immer wieder aus ihrem

Mund vernimmt. Homer ist gegenüber Helena ebenso unerbittlich wie Tolstoi Anna gegenüber. Beide Frauen sind in der Hoffnung, die Vergangenheit dadurch auszulöschen, allein um der Liebe willen die Flucht angetreten; in beiden erwacht erst in der Verbannung ein tiefer Abscheu gegen das, was ihnen im Traum als Ekstase, als äußerstes Erleben erschienen war. Längst hat sich das Versprechen der Befreiung in Knechtschaft verwandelt, die Liebe gehorcht der Liebe nicht mehr, sondern einem ungleich älteren und härteren Gesetz. Wir befinden uns in einem Bereich, in dem Schönheit und Tod, sonderbar vereint, eine der Gewalt vergleichbare Notwendigkeit entfalten, die umso herrischer auf den Plan tritt, als man ihr doch nur das Scheingefecht des Widerstands entgegenzusetzen hat. Helena in ihrem Palast in Troja, Anna am Bahnhof, auf dem sie sich unter den Zug werfen wird – beide stehen vor einem zerbrochenen Traum, für den sie allein die Hartherzigkeit Aphrodites verantwortlich machen können. Ihre Verausgabung hat sich gegen sie selbst gewandt, alles, was von ihrer Schönheit berührt wird, verwandelt sich in Stein. Indem Tolstoi seine Heldin in den Selbstmord treibt, verbindet er sich, jenseits seiner christlichen Grundeinstellung, mit Homer und den Tragikern. Die eigentliche Schuld liegt in der Falle begründet, die das Schicksal dem Menschen stellt und die insofern nicht ablösbar ist von dem Verhängnis, das nun seinen Lauf nimmt: Der Mensch erträgt es, bezahlt seinen Tribut und macht es schließlich durch den Einsatz seines eigenen Lebens wieder gut. Weder Klytaimnestra noch Orest oder Ödipus existieren unabhängig von dem Verbrechen, das sich in ihr Wesen eingegraben hat. Erst viel später werden die Philosophen, die Erben der Odyssee, in den abgeschlossenen Raum der Tragödie das Trojanische Pferd der Dialektik einführen und auf diese Weise dem Individuum die Verantwortung für seine Schuld zurückerstatten. Bei Homer lösen Strafe und Sühne, ohne dass sie genauer definiert werden, die persönliche Verantwortung im menschlichen Elend und einer stets im Werden begriffenen Schuldigkeit auf. In einem Universum der Versäumnisse ist das Versäumnis keineswegs mit der Sünde gleichzusetzen. Noch sind zwar weder Reue noch Gnade am Horizont erschienen, dennoch entspricht die griechische Vorstellung einer diffusen Schuldigkeit bei Homer und den Tragikern in gewisser Weise der christlichen Erbsünde. Und da sich beide Ideen aus derselben Wirklichkeit und demselben Gewicht der Erfahrung speisen, gelangen sie auch zu demselben Urteil über die menschliche Existenz. Hier wie dort wird ein Sündenfall angenommen, dem im griechischen Weltbild allerdings keine Zeit der Unschuld vorausgeht und der nicht auf Erlösung hin angelegt ist. Es handelt sich vielmehr um einen kontinuierlichen Fall, der in Tod und Absurdität seine schöpferische Natur verwirklicht. Indem Nietzsche eine Unschuld des Werdens proklamiert, entfernt er sich sowohl von der Antike als auch vom Christentum.[4] Er sucht nach Rechtfertigungen, während Homer eine grundsätzlich kontemplative Haltung einnimmt: Er lässt die Helden einfach klagen. Die Götter übernehmen die alleinige Verantwortung für die Fehler, was keineswegs bedeutet, dass diese nicht existieren. Im Gegenteil gibt es keine einzige Seite in der *Ilias*, auf der nicht ihre Unausweichlichkeit hervorgehoben würde. An der Schwelle zum ethischen Denken gebieten Hiob auf seinem elenden Lager ebenso wie Helena in der Festung der Trojaner den Rechtfertigungen und Vorwürfen Einhalt, die unsere Ohnmacht entlasten. Wie im Herzschlag des wahnsinnigen Kriegstanzes, der sich zu ihren Füßen vollzieht, vermischen sich ausgerechnet in ihrer Person Reinheit und Schuld.

Noch in Troja schleppt Helena ihr Unglück in einer Art finsteren Demut hinter sich her, die ihre Rebellion gegen die Götter allerdings nicht weniger unerbittlich macht.[5] Ist es aber statt Aphrodite in Wahrheit nicht eher die asiatische Astarte, die sie in ihrer Falle erwartet? In diesem Sinne antizipiert Helena das Schicksal Griechenlands, das vom Trojanischen Krieg bis zu den Eroberungsfeldzügen Alexanders des Großen, vom Orient zugleich angezogen und abgestoßen ist. Das, was sie, die Frau aus Argos, von der Wohnstatt des Paris aus beweint, ist nicht der blonde Grieche, der Angehörige des unbezähmbaren Geschlechts nordischer Barbaren, der arrogante Menelaos, sondern das schroffe, reine

Vaterland, außerhalb dessen nur die Verbannung ist, die schmerzliche Abwesenheit der vertrauten Stadt und des geliebten Sohnes.

Die Feigheit desjenigen, der unter dem Schutz Aphrodites steht, verletzt sie und treibt sie in die Verzweiflung: »Aber nachdem dies Übel im Rat der Götter verhängt ward, / Wär' ich wenigstens doch des besseren Mannes Gemahlin, / Welcher empfände die Schmach und die kränkenden Reden der Menschen!« [VI, 349 f., 352, S. 119 f.]

Im feindlichen Troja, wo sich ihr Überdruss unmerklich in Traurigkeit verwandelt, ist Hektor, derjenige unter den Söhnen des Priamos, der allem Orientalischen am fernsten steht, der männlichste unter ihnen, der das Griechentum am ausdrücklichsten verkörpert, aber der einzige Mensch, zu dem die Verbannte Vertrauen fasst und mit dem sie zärtlichen Umgang pflegt. Als Einziger beschützt Hektor die Fremde vor der Feindseligkeit, die ihre verhasste Gegenwart auslöst, weil man ihr nicht verzeihen kann, dass sie das Schicksal verkörpert, das sich über die Stadt ergießt. Obwohl sie unschuldig ist, erweckt sie dennoch den Anschein, als sei sie bereit, für ein Verbrechen zu büßen, das sie nicht begangen hat. Dies ist der Grund, weshalb sie dem einzigen Menschen, der ihr Mitleid entgegenbringt und sie nicht mit seiner Begehrlichkeit bedrängt, zutiefst dankbar ist. Als Hektor sich anschickt, Paris zurechtzuweisen, ist Helena in großer Sorge um ihren Schwager und richtet sich mit folgenden zärtlichen Worten an ihn: »Aber o komm doch herein und setze dich hier in den Sessel, / Schwager, dieweil dir am meisten die Arbeit liegt an der Seele, / Um mich schändliches Weib und die Freveltat Alexandros', / Welchen ein trauriges Los Zeus sendet, daß wir hinfort auch / Bleiben umher ein Gesang der kommenden Menschengeschlechter!« [VI, 354–358, S. 120] Im Angesicht einer durchaus unsicheren Zukunft geben diese Worte zwischen Hektor und Helena Anlass zu mehr als geschwisterlicher Komplizenschaft. Mit unfehlbarem Gespür für jene Vertrautheit wahrer menschlicher Beziehungen, deren Geheimnis unmöglich zu entschlüsseln ist, enthüllt Homer, ohne sie deshalb zu verraten, ihre Freundschaft, die, zumindest was Helena betrifft, die schützende Hülle eines tieferen Gefühls ist. Ein letztes Mal werden die Wehklagen der Verbannten bei den sterblichen Überresten Hektors erklingen und den Schluss der *Ilias* in das verzweifelt reine Licht des Erbarmens tauchen.

»Denn mir entflohn seitdem schon zwanzig Jahre des Lebens, / Seit von dannen ich ging, das Land der Väter verlassend, / Nimmer indes entfiel dir ein böses Wort, noch ein Vorwurf. / (...) Drum bewein' ich mit dir mich Elende, herzlich bekümmert! / Denn kein anderer noch in Trojas weitem Gefilde / Ist mir Tröster und Freund, sie wenden sich alle mit Abscheu!« [XXIV, 765–767, 773–775, S. 503 f.] Diese Worte kommen nicht aus dem Munde eines gedemütigten Wesens, das von der Gnade seiner Verfolger abhängig ist, sondern aus dem einer Sterblichen, deren Schicksal der Gnade der Götter obliegt, die sie mit den anmutigsten Gaben ausgestattet haben, nur um sie aller Freuden zu berauben, die diese zu verheißen schienen. Wer immer auch den Sieg davontragen wird, Helena muss, anders als Andromache und die trojanischen Prinzessinnen, nicht darum fürchten »Arbeit und Schmach zu erdulden, / Ringend unter dem Zwang des Grausamen« [XXIV, 733 f., S. 502]. Auch nach zwanzig Jahren in der Verbannung ist sie noch immer der Einsatz im Kampf und der Lohn des Siegers. Selbst im tiefsten Elend hat sie sich eine Majestät bewahrt, eine natürliche Distanz zur Welt, die Alter und Tod die Stirn bieten. Ausgerechnet die Schönste aller Frauen, der ein glänzendes Schicksal in die Wiege gelegt wurde, ist von den Göttern dazu bestimmt, das eigene und das Unglück zweier Völker in ihrer Person auszutragen. Ihre Schönheit ist kein Glücksversprechen, sondern ein Fluch, der sie vom normalen Leben abspaltet und sie zugleich erhöht und vor Demütigungen bewahrt. Aus diesem Zwiespalt rührt ihre Heiligkeit, und zwar im ursprünglich ambivalenten Wortsinn: erhöhend und verlebendigend, unheilvoll und furchterregend. Helena, die Frau, um die zwei feindliche Heere kämpfen, wird am Ende weder Paris noch Menelaos gehören, weder den Trojanern noch den Griechen. Noch in ihrer Hingabe gehört ihre Schönheit ihr allein. Sie entzieht sich denen, die sie erschufen, ebenso wie denen, die sie bewundern oder begehren. Homer schreibt ihr jene Unerbittlichkeit und Kraft zu, die ansonsten nur dem Schicksal selbst zu eigen ist. Ebenso wie die Gewalt fesselt und zerstört sie – entbindet und erlöst. Nicht die Wechselfälle des Lebens, sondern eine tiefere Notwendigkeit machen aus Helena zugleich die Kriegsursache und den Kriegseinsatz und binden das Aufscheinen der Schönheit an einen Zornesausbruch. Inmitten des Kriegsgeschehens und zugleich über ihm stehend, verkörpert Helena die Ruhe und die Bitterkeit, die im Herzen des Schlachtengetümmels aufkeimen und in deren Schatten, von seinen zahllosen Opfern abgesehen, Siege und Niederlagen gleichermaßen begraben werden. Denn wenn es wahr ist, dass die Gewalt sich in den Wechselfällen des Werdens abnutzt und entwürdigt – es genügt der Pfeil des Paris, um die Macht Achills zu brechen –, dann ist es die Schönheit, die alle Ereignisse, bis hin zu denen, die über ihre Verwirklichung wachen, aufzehrt. Die Ursprünge der Tochter Ledas verlieren sich im Märchen, ihr Ende in Legenden. Ihre unsterbliche Erscheinung beschützt und erhält die Welt des Seins.

Homer hütet sich davor, die Schönheit so zu vergegenwärtigen, als sei sie ein Sakrileg, der verbotene Vorschein der Seligkeit. Nichts erfahren wir vom Farbenspiel in den Augen Helenas, weder kennen wir die Farbe der Zöpfe Thetis' noch die Schulterblätter von Andromache. Kein unverwechselbares Detail wird uns verraten, und doch sehen wir diese Frauen vor uns, erkennen sie in ihrer Einzigartigkeit, und wir fragen uns unwillkürlich, wie es Homer gelingt, dass uns seine Figuren in einer solch vollkommenen Plastizität vor Augen stehen. Helenas Schönheit ist unbestechlich; vom Leben geht sie nahtlos in Poesie über, vom Fleisch in Marmor, und zwar ohne dabei ihren Herzschlag einzubüßen. Ihrem in Stein gehauenen Mund entweicht ein menschlicher Klagelaut, und ihre leeren Augen füllen sich mit »zärtlichen Tränen«. Als Helena von den Festungsmauern Trojas aus dem Kampf zwischen Paris und Menelaos zuschaut, glaubt man, die Frische ihres Ganges zu hören und die Erneuerung ihres Flehens zu spüren. An den Stadttoren Trojas beratschlagen die Führer der Trojaner. Als die »Troer Gebietenden« [III, 154, S. 54] Helena erblicken, schweigen sie plötzlich wie erstarrt. Ihre Schönheit ist unabweislich, zugleich flößt sie ihnen Furcht ein, als sei sie ein böses Omen, eine Todesdrohung. »Einer unsterblichen Göttin fürwahr gleicht jene von Ansehn! / Dennoch kehr', auch mit solcher Gestalt, sie in Schiffen zur Heimat, / Ehe sie uns und den Söhnen hinfort noch Jammer bereitet!« [III, 158–160, S. 54] Ausnahmsweise ergreift Homer daraufhin selbst das Wort, um durch Priamos die Schönheit zu rechtfertigen indem er sie von der Verantwortung für das Unglück der Menschen freispricht und ihre Unschuld erklärt: »Du nicht trägst die Schuld; die Unsterblichen sind es mir schuldig, / Welche mir zugesandt den bejammerten Krieg der Achaier!« [III, 164 f., S. 54] Nur die Götter sind schuldig – »allein sie selber sind sorglos« [XXIV, 526, S. 496] –, während die Menschen dazu verdammt sind, Leid zu ertragen. Der Fluch, der die Schönheit in zerstörerische Fatalität ummünzt, hat seinen Ursprung nicht im menschlichen Herzen. Die diffuse Schuldigkeit des Werdens ballt sich in einer einzigen Sünde zusammen, die Homer offen anprangert: der seligen Sorglosigkeit der Unsterblichen.

In einer Szene, in der die überirdische Heiterkeit noch einen Funken von Menschlichkeit hat, bittet Priamos Helena darum, ihm die Namen der berühmtesten Krieger der feindlichen Griechen zu nennen. Auf dem Schlachtfeld, in nur geringer Entfernung voneinander, erwarten die beiden Heere die Schlacht, die über den Ausgang des Krieges entscheiden wird. Auf dem Höhepunkt der *Ilias* ist dies ein Moment reiner Kontemplation, in dem der Zauber des Werdens zum Stillstand kommt und die rasende Welt des Tuns in aller Ruhe zugrunde geht. Die Ebene mit ihrem kriegerischen Menschengewühl ist nichts als ein stiller Blick aus den Augen Helenas und des alten Königs.

In dieser Szene, die Nietzsche zu seinem Dialog zwischen der Schönheit und der über dem Leben stehenden Weisheit inspiriert hat, ist alles in seinem tiefsten Kern erfasst: »gedrängt, getrieben gezwungen, gehetzt von Qualen.« In jenem Moment, in dem alles »fremd und einsam« erscheint, lässt der Dichter uns am blauen Himmel in der Person Helenas den Inbegriff der Unantastbarkeit erkennen.

Ohnmächtig schaut sie den Männern dabei zu, wie sie sich für einen Kampf bereit machen, in dem es um sie allein geht. Anders als es uns die Wirtschaftsexperten glauben machen wollen, kämpfen Völker niemals in erster Linie um Marktinteressen, Bodenschätze, fruchtbares Land und deren Schätze, sondern immer und vor allem um Helena. Homer hat nicht gelogen.

Die Komödie der Götter

In der *Ilias* mangelt es weder an Komik noch an Humor; es sind gerade die Götter, die hierfür das Material liefern. Der Hof des Zeus entspricht dabei ungefähr demjenigen Alexanders in *Krieg und Frieden*. In diesen Unsterblichen erreicht die absolute Nichtigkeit all derer, die das Schicksal niemals auf die Probe gestellt hat, eine dekorativ-schwelgerische Würde. Die Abwesenheit von »Ernst« (wobei *Ernst* hier keineswegs mit *Schwere* gleichgesetzt werden kann), die sowohl bei Homer als auch bei Tolstoi den Übermenschen auszeichnet, prädestiniert die Götter der *Ilias* ebenso wie die weltläufigen Figuren in *Krieg und Frieden* zu Prototypen der Komödie. Im Gegensatz zu den Helden des Epos, die, wenngleich schuldlos an den Ereignissen, dennoch für sie Verantwortung tragen, sind jene durchaus schuldig, ohne jedoch Verantwortung für irgendetwas zu tragen, nicht einmal für sich selbst. Wo sich die Individualität des Menschen nicht unter dem behauptet, was sie erdrückt, verliert die Vorstellung von Verantwortlichkeit automatisch ihre Berechtigung: Sie zerplatzt in einem Lachanfall, der den Triumph der Inkohärenz rechtfertigt. Auf diese Weise entziehen sich die Götter gleichermaßen der Kategorie der Unschuld und der Sünde. Anstifter, schlitzohrige Stimmungsmacher und Eiferer, kurz all jene Gestalten, die nicht direkt ins Kriegsgeschehen verwickelt sind, verachten den Duft des Gemetzels, das Klirren tragischer Leidenschaften keineswegs. Ohne in Intrigen oder direktes Kriegsgeschehen verwickelt zu sein und verdammt dazu, sich auf ewig in Sicherheit zu wiegen, würden sie ansonsten wohl schlicht an Langeweile zugrunde gehen. »Grausam seid ihr, o Götter, und eiferig!« [XXIV, 33, S. 481], lautet ein Satz, den Apollon all denen, die er nicht liebt, entgegenschleudert.

Doch diese Unehrerbietigkeit erschüttert bei Homer weder den Respekt noch die Unterwürfigkeit. Der Pakt, den die Stadt an ihre göttlichen Schutzpatrone bindet, heiligt die Tradition, die ihre Dauer garantiert. Unanfechtbar und wesenhaft dem menschlichen Herzen zugehörig, ist es dieser Traditionsstrang, der dem Werden das Geheimnis der Kontinuität entreißt. Er verleiht dem Zwang seine eigene Faszination und verwandelt ihn in eine faszinierende Realität. Die Götterstatue selbst mag zerschellen, der Sockel des Heiligtums aber bleibt unangetastet. Sind ihre Gründe stichhaltig, dann wird es keineswegs als Sakrileg gesehen, dass die Helden der *Ilias* sich in Beschimpfungen – »Kronion du schrecklicher« [IV, 25, S. 65] – ergehen, legt doch Zeus höchstpersönlich bisweilen recht unorthodoxe Verhaltensweisen an den Tag. Wenn die Stadtväter gegen die Götter Position beziehen, die sie an ihrem Herd, in ihrem Rat, in ihren Kriegen aufgenommen haben, so nur deshalb, weil diese sich bester Gesundheit erfreuen, reiche Opfergaben empfangen und ihre Lebendigkeit eben nicht unter der eisigen Verehrung toter kultischer Handlungen begraben liegt.

Das, was die Griechen von ihren Göttern erbitten, ist nicht ihre Liebe, sondern ihr Wohlwollen, sprich die Anerkennung eines Bemühens, das aufgrund der durch Ausschreitungen hervorgerufenen Leiden und der ans Extreme geknüpften Negationen, die Balance zu halten vermag. Da die Liebe in den Beziehungen von Menschen und Göttern also kein Thema ist, wird sie gelegentlich durch Freundschaft ersetzt. So schafft die Freundschaft zwischen Apollon und Hektor, die auf Achtung, gegenseitigem Vertrauen, Nähe und Distanz, dem Glück des Bewunderns und des Lehrens, der Freude des Gebens und Nehmens beruht, ein Gleichgewicht und wird damit zum Modell der besonderen Art der

Zuneigung, die Sokrates und Platon später ihren Schülern entgegenbringen werden.[6] Abgesehen von dieser besonderen Freundschaft am Rande traditioneller Beziehungen, stehen die Sterblichen und die Unsterblichen eher für die zahllosen Spielarten interessegeleiteter Beziehungen, in denen sich Welt des Hofes und der Mächtigen mit der des Krieges und seinen Kriegern verbindet.

Die Auseinandersetzungen und Versöhnungen von Zeus und Hera, zumal die Verführungsszene, in der es Hera mithilfe des Zauberbands der Aphrodite gelingt, ihren Mann zum Narren zu halten, woraufhin Zeus beim Erwachen entdeckt, dass er von seiner Frau betrogen wurde, und ihr daraufhin droht, sie von der Höhe des Olymps zu stoßen, befinden sich in der Tat auf Operettenniveau. Und dennoch verankert die menschliche Wahrheit dieser Ehekomödie sie tief in der Wirklichkeit: Hera, mit ihren großen, dummen Augen, ihrem eher einfältigen als bösartigen Eigensinn und ihren genialen Einfällen, wenn es darum geht, den unglücklichen Zeus mittels eines »Nervenkrieges«, aus dem sie selbst stets als Siegerin hervorgehen wird, an der Nase herumzuführen; Aphrodite, bezaubernd und unbedeutend in ihrer nicht entwaffnenden Schwäche, ganz und gar Lächeln und Koketterie einer blonden *femme fatale*; Pallas Athene, die Kriegerin mit der Muskelkraft eines Mannes, Expertin der Hinterlist, fähig, Ares zu bezwingen, jene schreckliche Frau, die ihren Zorn im Zaum zu halten, ihren Groll zu bemeistern und ihre Rache auf kleiner Flamme zu kochen vermag – sie alle repräsentieren als Göttinnen, über die das Urteil des Paris gleichermaßen vernichtend ausfällt, die Kehrseite eines weiblichen Archetyps, dessen tragische Reinheit von Andromache, Helena und Thetis verkörpert wird.

Unter den Bewohnern des Olymps ist Zeus der Einzige, der ein vollständiges Leben hat. Er spielt seine Rolle in der Farce, ohne einen einzigen Donnerschlag zu verfehlen, was ihn aber keineswegs daran hindert, auf seinem Vergnügen zu bestehen. Zwar tut ihm der Fall Trojas leid, dennoch schaut er dem Untergang der Stadt untätig zu: »Sitzend, mein Herz zu erfreuen des Anschauns.« [XX, 23, S. 399] Erst nachdem er die Unsterblichen vergeblich zu Neutralität angehalten hat und seine Weisungen stets aufs Neue missachtet worden sind, erlaubt er ihnen einzugreifen. Unverzüglich sind sie zur Stelle. Für das Handgemenge, das er nun mit ansehen muss, hat der Göttervater einzig ein Lachen übrig: »weit krachte der Erdkreis, / Und hochrollende Donner drommeteten.« [XXI, 387 f., S. 428] Athene schlägt Ares mit einem enormen Stein bewusstlos, Hera schlägt auf die tobende Artemis ein, und Achill macht sich das allgemeine Chaos zunutze, um wahllos auf die Trojaner einzuprügeln. »Über der brennenden Stadt steigen die Flammen bis zum Himmel auf.« An diesem Anblick erfreut sich Zeus. Der göttliche Zuschauer hat nichts von einem Richter. Aus seiner überlegenen Position heraus erklärt er sich einverstanden mit dem Gesetz der Tragödie, nach dem die Besten und Edelsten geopfert werden müssen, um dadurch die Erneuerung der fruchtbar-zeugenden Kräfte voranzutreiben. Als er des chaotischen Treibens schließlich überdrüssig ist, fliegt er auf seinem Wagen gen Himmel, wo er den Berg Ida der tausend Quellen und sieben Gipfel erreicht. »Mit freudigem Trotz« [VIII, 51, S. 143] betrachtet er von dort aus die Stadt der Trojaner und die Flotte der Griechen.

Interessanterweise scheint die Nüchternheit des Kroniden diejenige Kohelets zu antizipieren. Zeus weiß um die Sterblichkeit der Götter und verneigt sich vor dem großen, blinden Gott, der gleichermaßen über die Sterblichen und die Unsterblichen herrscht. Im Bewusstsein der Geißel, die auf der goldenen Waage des Schicksals die Niederlage anzeigt, lässt Zeus zu, dass das Nichtwiedergutzumachende geschieht. Er verteidigt das, was er am meisten liebt nicht, und überlässt Troja dem Wüten Heras und Hektors, »den liebsten unter den Sterblichen von Ilios«, und den Schlägen Achills. Anders als der Gott Israels greift Zeus nicht ins Geschehen ein, weder um die einen zu bestrafen noch um die anderen zu erretten, weder um der Rache noch um der Erlösung willen. Als gleichgültiger Spender von Gut und Böse beschränkt er sich darauf, den Schauspielern den Schauplatz des Dramas aufzuzeigen, an dem sie ihre Rolle zu spielen haben. »Denn es stehn zwei Fässer gestellt an der Schwelle

Kronions, / Voll das eine von Gaben des Wehs, das andere des Heiles.« [XXIV, 527 f., S. 496] Es liegt jedem Menschen selbst, aus dieser Mischung das Beste zu machen.

Anders als der Schöpfergott ist Zeus ein Zuschauer, keine Kraft über den Kräften, kein Wille zur Macht über dem Willen zur Macht. Die Kraft ist in ihm eher ein dekoratives Element, das Symbol der Wirklichkeit, die er zwar repräsentiert, aber nicht wirklich verkörpert. Mehr als in der Natur hat Homer im Menschen die Kraft vergöttlicht, wobei er sie in ihrer begrenzten und endlichen Qualität verherrlicht, als vergängliche Energie, die im Mut kulminiert, der wiederum ihr Maß ist. Untrennbar von dem vollkommenen Körper, den sie beseelt, ist diese Energie Teil des ewigen Spiels der kosmischen Kräfte, mit denen sie substanziell identisch ist. Die Fluten des Skamandros, die im Rhythmus des menschlichen Zorns über die Ufer treten, die Flucht des Helden vor dem aufgebrachten Flussgott, evozieren das Entsetzen unzähliger Fluchten im Tierreich. Die Natur ist nur das Echo eines in die Wildwasser der Phänomene geschleuderten Seins und Achill wiederum ein Teil dieses Geschehens. Weder die vergöttlichte noch die vermenschlichte Natur sind das große Ganze, in dem der Mensch sich glückselig aufzulösen vermöchte. Im Gegenteil ist es die Natur selbst, die an der Trauer der Menschen teilhat. Himmel und Erde, Berge und Flüsse sind in ihr Wesen verstrickt.[7]

Zeus allein ist unparteiisch. Anders als der Gott Israels formt er Geschichte nicht mit Hammerschlägen. Was er in ihr erblickt, sind Orte der Tragödien der Gewalt, Dramen kollektiver Leidenschaften, ein Schauspiel, für das die göttliche Gerechtigkeit keine Dimension ist und an die sie deshalb auch nicht appellieren kann. Als Gott einer Welt der reinen Betrachtung versinkt Zeus gemeinsam mit ihr im Abgrund des Morgengrauens. Und doch genügt sein heiterer Blick aus der Höhe, der aus einer unendlichen Ferne die Folgen des Trojanischen Krieges registriert, um aus ihm etwas anderes zu destillieren als nur ein blutiges Gemetzel und einen absurden Wettstreit, ja um ihm einen höheren Sinn zu verleihen, der ihn der Mechanik des Universums zugleich zurückerstattet und von ihr abspaltet, indem er den Krieg zu einem singulären Geschehen erklärt und ihn auf diese Weise dem Fluss der Ereignisse entzieht. Das leidenschaftliche Interesse des göttlichen Zuschauers verleiht dem Sein seine metaphysische Dimension. Welche Bedeutung hat es da noch, dass die Götter gemeinsam mit den Helden untergehen? In den unsterblichen Versen des Dichters ist alles aufgehoben, die kindliche Traurigkeit Achills, die Reue Hektors, das Weinen der Andromache.

Anders als Nietzsche glaubt, ist Homer keineswegs der Dichter der Apotheosen. Das, was er rühmt und heiligt, ist nicht der Triumph der siegreichen Gewalt, sondern die Energie des Menschen im Unglück, die Schönheit des toten Kriegers, der Ruhm des geopferten Helden, der Gesang zukünftiger Dichter, kurz, all das, was – längst vom Schicksal besiegt – dennoch nicht aufhört, es weiter herauszufordern und zu überwinden. Deshalb steht die Ewigkeit Homers, die sich aus dem Wollen des Individuums speist, gegen Tolstoi, der die Spaltung der Individuation aufhebt. Jenseits des Christentums zieht uns der Demiurg aus Jasnaja Poljana gen Asien fort, in das Indien der Mystiker und Heiligen, während der heidnische Dichter Griechenlands uns zu den spitzen Felsen des christlichen Abendlandes geleitet.

Von Troja nach Moskau

Homer und Tolstoi teilen die männliche Liebe und das männliche Entsetzen über den Krieg. Sie sind weder Pazifisten noch Kriegstreiber, sondern betrachten den Krieg als das, was er ist: ein immerwährender Pendelschlag zwischen der glühenden Menschheit, die im Rausch der Angriffslust explodiert, und der Abspaltung des Opfers, durch die sich die Rückkehr zum All-Einen vollzieht. Weder in der *Ilias* noch in *Krieg und Frieden* werden wir auf eine Verdammung des Krieges an sich stoßen. Kriege werden ausgefochten, erlitten, verflucht und besungen; ein Urteil kann man über sie freilich ebenso wenig fällen wie über das Schicksal selbst.

Die einzige Antwort auf sie ist die Stille – oder besser, die Unmöglichkeit der Worte: der ernüchterte Blick, den der sterbende Hektor auf Achill wirft, und der, mit dem Fürst Andrej das Jenseits seines Todes zu ermessen scheint. Überall und zu allen Zeiten zieht der Krieg junge, ruhelose Männer in seinen Bann und fordert sie auf, in seinen Spielkreis einzutreten. Der Krieg ist untrennbar in die Jugend der Körper verflochten, die er verführt und zerstört: »Jetzo verlangt mir selber der Mut im innersten Herzen, / Stürmischer aufgeregt, zu kämpfen den Kampf der Entscheidung, / Und mir streben von unten die Füß' und die Hände von oben.« [XIII, 73–75, S. 245] Das Unsühnbare hat die Macht, das Vergessen heraufzubeschwören, die Vorstellungskraft und das Gedächtnis zu lähmen, sodass am Ende allein das Grauen bleibt. Im Moment der Überwältigung stimuliert der Krieg durch den unvermittelten Wechsel der Perspektive die Vorstellungskraft und lässt so elementare Strukturen deutlich werden. Im Epos erscheint der Krieg als auf den Höhepunkt getriebene Verlängerung der blinden Zerstörungskräfte der Natur und der gigantischen kosmischen Umwälzungen. Die Bildsprache der *Ilias* verdeutlicht die wilde Brüderlichkeit des Menschen und der Elementarkräfte. Der Mensch fällt, »wie die Eiche dahinsinkt oder die Pappel, / Oder die stattliche Tanne, die hoch auf den Bergen die Künstler / Ab mit geschliffenen Äxten gehaun zum Balken des Schiffes; / Also lag er gestreckt vor dem rossenbespanneten Wagen, / Knirschend vor Angst, mit den Händen des blutigen Staubes ergreifend.« [XVI, 482–486, S. 326 f.] Das Hohngelächter der Schlacht steigt ebenso hoch zum Himmel wie der Aufruhr der Elemente: »Nicht so donnert die Woge mit Ungestüm an den Felsstrand, / Aufgestürmt aus dem Meer vom gewaltigen Hauche des Nordwinds; / Nicht so prasselt das Feuer heran mit sausenden Flammen / Durch ein gekrümmtes Bergtal, wann den Forst zu verbrennen es auffuhr; / Nicht der Orkan durchbrauset die hochgewipfelten Eichen / So voll Wut, wann am meisten mit großem Getös' er dahertobt, / Da sie mit grausem Geschrei anwüteten gegeneinander.« [XIV, 394–401, S. 282] Über dem Gewühl, dem am Boden liegenden Krieger, »am Arm gelähmet, / Vor sich schauend den Tod« [XXII, 480 f., S. 414], öffnet sich die zeitlose Unendlichkeit, in der sich Fürst Andrej zwischen Himmel und Zeit zugrunde richtet. Der Krieg ist der Weg der Einheit in einem Prozess des Werdens, der Welten, Seelen und Götter erschafft und zerstört, um ihrem Leben, indem er es aufzehrt, eine erhabene Bedeutung zu verleihen. Da er dem Menschen alles nimmt, wird dieses *Alles* zu einem unschätzbaren Wert, dessen Gegenwärtigkeit ihm durch die tragische Verwundbarkeit des einzelnen Wesens vor Augen geführt wird. All das, was bald unwissentlich, bald im Vertrauen darauf, noch einmal mit dem Leben davonzukommen, der Zerstörung zugeführt werden wird – das einfache

Leben, die Ruhe Andromaches, die Hektors Pferde mit Heu versorgt, das ängstliche Glück Nataschas vor der Abreise Andrejs –, wird von Zärtlichkeit erhellt. Das *Alles* hat in den beiden Epen keineswegs nur die Funktion, den Hintergrund zu kolorieren, sondern es ist das Eine, der unsichtbare Drahtzieher, Schauspieler und Regisseur eines Dramas, das Menschen und Götter im Kampf bis zur Unkenntlichkeit verschmelzen lässt.

Mit einigem Recht kann man von der Welt Dantes, Balzacs oder Dostojewskis sprechen, bei Homer und Tolstoi ist das unmöglich, denn ihr Universum ist in jedem Augenblick ganz und gar das unsere. Es ist nicht notwendig, das Reich der *Ilias* oder das von *Krieg und Frieden* zu betreten, denn wir bewohnen es bereits. »Aber zu schwer ist mir's, wie ein Himmlischer alles zu melden.« [XII, 176, S. 233] Diese bescheidenen Worte Homers könnten aus der Feder Tolstois stammen. Keiner von beiden hat es nötig, alles zu sagen, damit *Alles* zutage tritt. Nur bei diesen beiden, und bisweilen bei Shakespeare, finden sich jene kosmischen Pausen, die über dem Geschehen stehen und in denen die Geschichte auf ihrer unablässigen Flucht vor den menschlichen Zielen und Zwecken in ihrer ganzen kreativen Unvollendetheit deutlich wird. Hektor wird die Vernichtung der Angreifer ebenso wenig erleben wie Fürst Andrej den Rückzug der napoleonischen Truppen. Dem Heiden bleibt die Ewigkeit des Ruhms, dem Christen die Ewigkeit des

Glaubens. Da sie an der Wurzel durch dieselbe Leidenschaft für die Ewigkeit verbunden sind, wird der Krieg für beide zum Prüfstein der Liebe zum Vaterland. Im Angesicht äußerster Bedrohung erkennt der Mensch, dass die Verbundenheit mit dem Land, in dem seine Götter wohnen, das er zum Mittelpunkt der Welt erklärt hat und in dem er den Sinn von Leben und Tod gefunden hat, kein hehres Gefühl ist, sondern eine furchtbare Herausforderung, die an sein ganzes Sein ergeht. Es ist am Vorabend der Schlacht von Borodin, auf dem Kulminationspunkt der Krise, dass Fürst Andrej, gezeichnet von der Auflösung seiner Verlobung und dem Verlust seines Ehrgeizes, urplötzlich eine Leidenschaft in sich entdeckt, die weit über Liebe und Ruhm hinausreicht: den Willen nämlich, das gedemütigte Vaterland zurückzugewinnen. Während des gefährlichen Angriffs auf die Mauern, hinter denen die Griechen ihre Schiffe verbergen, versammelt Hektor die Trojaner und deren Verbündete, um die Kräfte jedes einzelnen Mannes zu vermessen. Er hofft, auf diese Weise die Verteidigung der gemeinsamen Güter – der Erde, des Himmels, der geliebten Menschen und der seit undenklichen Zeiten innig mit der eigenen Existenz verschmolzenen geliebten Dinge – besser planen zu können. »Ein Wahrzeichen nur gilt: das Vaterland zu erretten!« [XII, 243, S. 235], so lautet seine Antwort an Polydamas. Vor die Wahl gestellt, Stärke zu beweisen oder zu sterben, entdeckt der Mensch eine neue, tiefere, eigensinnigere Weise, das Leben zu lieben. So bedurfte es des Kerkers, um Pierre Besuchow von der unumstößlichen Wahrheit zu überzeugen, für die Illusionen und Nostalgie ihm den Blick verstellt hatten: Nichts im Leben ist schrecklich, da alles schrecklich ist; es gibt die Waage nicht noch Maße oder Gewichte, mit denen das menschliche Leiden gewogen werden könnte. Selbst Achill, der »Zerstörer der Felsen«, weiß auf dem Höhepunkt seines Sieges, als er Priamos bereits überwältigt hat, nicht mehr, ob er sich eigentlich zu den Siegern oder den Verzweifelten rechnen muss. Sowohl Homer als auch Tolstoi entschleiern ihre großen Wahrheiten immer nur dem Einzelnen als Offenbarungen der Einsamkeit inmitten kollektiven Agierens. Die Notwendigkeit, die das Individuum zwingt, seine Vermassung unter Androhung von Versklavung oder sogar Vernichtung zu ertragen, ohne dass seine Persönlichkeit dabei in der anonymen Masse aufginge, macht diese überhaupt erst kenntlich. Pierre, Andrej, Hektor und Achill sind niemals so sehr sie selbst wie in jenen Momenten, in denen sie fast schon nicht mehr sind. Selbst die Städte – das brennende Moskau, leer wie ein verlassener Bienenstock, und das von seinem eigenen Überfluss bedrohte, in Auflösung begriffene Troja – haben ein individuelles Leben, eine Seele, ein Schicksal und eine eigene Heiligkeit. Als heilige Städte sind Troja und Moskau die Gravitationszentren der epischen Dichtung: geografische Orte, an denen die Fäden der Handlung auseinander und wieder zusammenlaufen und zugleich metaphysische Orte, an denen sich die religiöse Umwandlung des Geschehens in heilige Dichtung vollzieht. Zwar ist die Stadt selbst verbrannt und dem Erdboden gleichgemacht, im Epos jedoch wird sie die realen und imaginierten Menschen, die sie einst barg, die wirklichen und ausgedachten Kämpfe, deren Einsatz sie gewesen war, für immer überleben.

Weder Homer noch Tolstoi versuchen das Skandalon sinnlosen Leidens zu beschwichtigen, keinem von beiden würde es einfallen, Zuflucht in der Vorstellung individuellen Überlebens zu suchen.[8] Konsequent vom Leben aus gedacht, zielen sie immer wieder auf das Leben. Unter dieser Perspektive betrachtet ist kein Ziel denkbar, das die strenge Bejahung des Lebens als das, was es vor dem Hintergrund des großen Ganzen und seiner Einzelschicksale ist, herabzumindern vermöchte. Während Homer jedoch das Individuelle beschwört und sich an ihm erfreut, wird dieses von Tolstoi gegeißelt und herabgesetzt; er billigt ihm keine Immunität gegen den Tod zu. Selbst Achill, der Maßlose, hat letztendlich einen verwundbaren Leib: »Ein Geist beseelt ihn nur, und sterblich wie andre nennen wir ihn.« [XX, I, 568, S. 433] Homer hat seinen Helden nicht als einen Unverwundbaren erschaffen, sondern als einen gespannten Bogen, der seinen vom Wunsch nach Ewigkeit gespitzten Pfeil so weit wie möglich schießt. In jedem Augenblick streift er die

Einsamkeit, in der sein kriegerisches Glühen vergehen wird und in der die Werte, für die er steht und die er für ewig hält, ihn verlassen werden. Wenn Fürst Andrej in diese Gefilde vordringen wird, dann wird ihn alles, was er einst liebte, bereits verlassen haben: die Frau, das Vaterland, der Ruhm. Und auch für Homers geschlagenen Helden existiert nichts mehr von alledem, was einst sein Stolz und seine Freude war: »Blutig entsank ihm der Arm ins Gefild' hin, aber die Augen / Übernahm der finstere Tod und das grause Verhängnis.« [V, 82 f., S. 83] Das Bewusstsein hat keine Flügel, die ihm erlauben würden, über den Tod hinaus zu fliegen, um außerhalb von Zeit und Raum die Ewigkeit zu erlangen. Das Leben erscheint in diesem Sinne nicht als kontinuierliche Entwicklung von der Geburt zum Tode hin, sondern als eine nach allen Seiten sich erstreckende Dauer, in deren Mitte der Tod steht. Für beide, Homer und Tolstoi, ist und bleibt der Tod ein Stachel.

Zweifellos ist dies der Grund, weshalb keiner von beiden bereit ist, der Menschheit irgendwelche Privilegien zuzugestehen. Die Tatsache, dass sie, zumindest aus unserem begrenzten Blickwinkel betrachtet, niemals stirbt, lässt sie deshalb noch lange nicht über das individuelle Leben triumphieren. Im Gegenteil. Dass es ihr an Endlichkeit gebricht, ist ein Zeichen ihrer Unterlegenheit gegenüber dem Menschen als Einzelwesen. Die Lobpreisungen des Christentums zielen denn auch auf nichts anderes, als der Menschheit in der Gestalt Christi ihre Endlichkeit zurückzuerstatten.

Ewigkeit wird allein dem Wesen zugesprochen, das Tolstoi Gott nennt und in dem er danach strebt, alles Seiende von der Sünde der Individuation zu erlösen, wohingegen sich Homer, ohne dies ausdrücklich zu betonen, ganz und gar solidarisch mit dem sterblichen Leben erklärt. Das *Alles*, das Sein an sich, wird in einer Vielzahl sich unablässig verändernder Seinsformen manifest, deren unregelmäßige, bald vor-, bald rückwärts gerichtete Bewegungen eine kreative Zielgerichtetheit in sich zu bergen scheinen. Es sind die feindlichen, vor Troja beziehungsweise Moskau liegenden Heere, die, jenseits dessen, was unsühnbar ist und beide voneinander scheidet, den eigentlichen Text des Epos schreiben, aus dem zukünftige Generationen die Kraft schöpfen werden, die Welt zu verwandeln, selbst wenn diese Verwandlung keine Erlösung bereithalten wird. Auch wenn die Schätze des Bewusstseins und des sinnlos den mechanischen Kräften geopferten Lebens weder befreit noch zu neuem Leben erweckt werden können, sind die Mahnungen des Nichtwiedergutzumachenden dem schöpferischen Willen dennoch ein Ansporn. Die Zukunft wird ihnen antworten, denn an sie allein sind alle Fragen gerichtet. Wenn es eine authentische Solidarität gibt, eine lebendige Gemeinschaft vereinzelter Individuen, läge deren Ursprung dann nicht in der Hoffnung, auf den Trümmern von

Scham und Trauer eine neue Wirklichkeit zu begründen?

Indem der Mensch der Fehler einer begrenzten Weltsicht inne wird, befreit er sich von ihnen, nicht durch die Liebe zur Menschheit, sondern durch das, was er aus diesem »Versuchsmaterial (…), dem ungeheuren Überschuß des Mißrathenen« (Nietzsche) schöpft: ein neues Bild des Seins, in das die Vergangenheit mit ihren Zerstörungen und ihren Werken, mit ihrer entsetzlichen und wunderbaren Geschichte einfließt. Homer und Tolstoi, die ihre Blicke gezielt auf die Fatalität der Kräfte lenken, auf das unweigerliche Abgleiten des schöpferischen Willens in den Automatismus von Gewalt, der Eroberung in den Schrecken und des Mutes in die Grausamkeit, lassen sie sich keineswegs von den Anfechtungen moralischer Entrüstung beirren. Es genügt ihnen ein Bild, ein Gegensatzpaar, um es für immer in unserem Gedächtnis zu verankern.

Nichts eignet sich besser, um die innere Verwandtschaft Homers und Tolstois zu illustrieren als die brüderliche Ähnlichkeit von Petja Rostów und Polydorus, dem jüngsten Sohn des Priamos. Beide überrumpeln ihre Bewacher und setzen sich leichten Herzens über das Kampfverbot hinweg, ja sie scheinen sich eigentlich nur ins Schlachtengetümmel zu werfen, um von diesem hinweggerafft zu werden. Der mechanischen Entfesselung der Grausamkeit setzen beide Dichter die Anmut des lachenden Jünglings entgegen, der, als er die feindlichen

Linien überschreitet, den Krieg gewissermaßen nur spielt. Selbst Achill, der den Kampf um des Kampfes willen liebt, scheut sich nicht, seinen Ruhm aufs Spiel zu setzen, indem er sich auf einen wehrlosen Jungen stürzt. Das, was die Materie dem Geist oder umgekehrt den Geist der Materie unterwirft, ist dieselbe Kraft, die sich am höchsten Punkt der Kurve mit der Schöpfergabe selbst identifiziert, um sie in dem, was sie formt, zu überschreiten und endlich unter das eigene Gesetz zurückzukehren, sich dort zu verausgaben und aufzulösen. Als Achill, abgestumpft von der eigenen Machtfülle, Polydorus und Lykaon niedermetzelt, ist er reif für den Pfeil des Paris.

Was den Sinn für ausgleichende Gerechtigkeit betrifft, so ist Homer Tolstoi haushoch überlegen, denn während der Russe den Feind seines Volkes herabsetzt, demütigt der Grieche weder den Sieger noch den Besiegten. Nach seinem Willen sollen sich Achill und Priamos gegenseitig Achtung bezeugen. Und da die Schuld des Werdens zu gleichen Teilen auf dem Menschengeschlecht und den Göttern lastet, müssen sich Verständnis und Erbarmen ebenso auf die Glücklichen wie auf die Unglücklichen erstrecken, sprich auf Achill *und* Lykaon. Homer stellt sich weder auf die eine noch auf die andere Seite und ergreift keineswegs Partei für die Seinen. Bezeichnenderweise ist Hektor, den er zum Modell der Menschlichkeit schlechthin erklärt, kein Grieche. Noch ist der Geist nicht in die

Auseinandersetzung der Kräfte eingetreten, noch hat sich kein Gift in den Hass gemischt. Härte und Grausamkeit sind Teil des Kriegssports, und die feindlichen Parteien denken nicht im Traum daran, sich gegenseitig deren Gebrauch zu untersagen. Der Wunsch nach Rache ist eine brennende Leidenschaft, die den Willen zum Sieg beseelt, aber keineswegs der Groll, der die Seele vergiftet und die Niederlage umso schwerer wiegen lässt. Noch am Höhepunkt des Schlachtengetümmels können die Gegner einander Gerechtigkeit widerfahren lassen und sich großherzig zeigen. Das ändert sich grundsätzlich in dem Moment, in dem es nicht mehr um körperliche, sondern um geistige Überlegenheit geht. Wo sich der Krieg als Zweikampf zwischen Wahrheit und Lüge konkretisiert, ist gegenseitige Achtung nicht mehr möglich. In einem Kampf, der wie in der Bibel den einen gegen den anderen aufstellt, Gott gegen die falschen Götter, das Ewige gegen das Idol, wird es keinen Waffenstillstand geben können. Man ist in einen totalen Krieg eingetreten, der an allen Fronten ausgetragen werden muss, bis das Idol vernichtet, die Lüge ausgerottet ist. Dem Gegner Respekt zu zollen würde nun bedeuten, dem Falschen die Ehre zu erweisen, sprich gegen die Wahrheit zu zeugen.

Für Tolstoi repräsentiert Napoleon als Mythos des großen Mannes, der es verhindert, dass die Einzelwesen in den Schoß des unzerstörbaren Seins zurückkehren können, nicht nur den Angreifer des

Vaterlandes, sondern den Gegenspieler Gottes schlechthin. Und auch Kutusow steht im Grunde nicht für den Freiheitshelden der Heimat, sondern verkörpert den Anti-Helden, den bescheidenen Vollstrecker einer historischen Notwendigkeit, deren Sinn und Reichweite die menschliche Vernunft übersteigen.

In jenen Momenten, in denen Homer und Tolstoi zu ihrer wahren Größe finden, der Blick zur Ruhe kommt und die Dinge aus einer Höhe betrachtet werden, aus der sie sich dem menschlichen Urteil entziehen, ist dies stets dem epischen Stil selbst geschuldet. Indem das Epos die Zeit bald langsam verfließen lässt, bald in einem Augenblick zusammenballt, indem es sich in die kollektiven Befindlichkeiten einfühlt, die Seelen vergöttlicht und so zum Ausdruck kosmischer Weltsicht und anthropomorpher Vorstellungskraft wird, entzieht es sich der niederen Parteilichkeit von Urteil und Empfindung. Entsprechend seiner innersten Natur macht es den Dichter zum Demiurgen, der das Geschehen mit der ausgleichenden Gerechtigkeit des Schöpfers selbst, in seiner ganzen Fülle darstellt. Was er vor dem Leser ausbreitet ist nichts weniger als die gesamte menschliche Landkarte mit all ihren tief verwurzelten Erdteilen. Der Held entspringt keiner anonymen Masse, sondern dem lebendigen Zusammenspiel der Individuen, innerhalb dessen Pierre Besuchow seinen Platz neben Platon Karatajew einnimmt und Achill und Agamemnon gleichermaßen ihre Haltung und ihre Züge bewahren.

Sowohl bei Tolstoi als auch bei Homer ist die Keuschheit nicht das Gegenteil der Sinnlichkeit, sondern ihr wahrhaftigster Ausdruck. Indem sie die Gefühle im Zaum hält, befeuert sie deren Verlangen nach Ausdruck. Sie gleicht einem Deich, der, bevor er bricht, das Wasser zurückhält, nur um dem Laub zu ermöglichen, sich mit seinem Stück Himmel darin zu spiegeln. Im Stil beider Dichter erkennen wir die Keuschheit, der schon ein kleiner Hinweis genügt, um mit stets lebendigen Worten die feinsten und flüchtigsten Empfindungen hervorzurufen. Der Keuschheit ist es zu verdanken, dass es dem Epos gelingt, das Fleisch durchsichtig zu machen, die Leidenschaften in einem einzigen Wort zu benennen und das Äußerste und die Zügellosigkeit maßvoll auszusprechen. Durch sie tauchen wir in den Abgrund des Krieges und erheben uns im Flug zum Frieden der Gestirne.

Das Mahl von Priamos und Achill

Die Schlussszene der *Ilias* ist bekannt: Priamos begibt sich zu Achill, um ihn zur Herausgabe seines Sohnes zu bewegen. Als er zu Füßen des Siegers kniet, ist ihm plötzlich eine Majestät zu eigen, die nicht länger von seiner Stellung herrührt. Eine neue Heiligkeit hat aus dem König von Troja den »König des Flehens« gemacht. In der Ruhe, welche die vollendete Katastrophe umgibt, erhebt sich seine Erhabenheit über die Demütigung und tritt in den Bereich der Heiligkeit ein: »Scheue die Götter demnach, o Peleid', und erbarme dich meiner, / Denkend des eigenen Vaters! Ich bin noch werter des Mitleids! / Duld' ich doch, was keiner der sterblichen Erdenbewohner: / Ach zu küssen die Hand, die meine Kinder getötet!« [XXIV, 503–506, S. 495 f.] Es ist eine Art leidenschaftsloser Selbstachtung, die seinen Worten ihre Wahrhaftigkeit verleiht. Indem er das Erbarmen zu einem Recht erklärt, weigert sich der Besiegte, in demjenigen, dem sein Flehen gilt, das Schicksal anzuerkennen. Die unerhörte Prüfung, die er sich damit auferlegt und die in der Liebe, aus der sie entspringt, ihre Entsprechung hat, ist alles andere als erbärmlich. »Ein Kniefall ist kein Kniefall«, bemerkt Péguy in diesem Zusammenhang. Und tatsächlich haben wir es hier in Wahrheit mit einem außerordentlichen Verstoß gegen die Mechanik der Gewalt zu tun. Bezeichnenderweise ist diese Szene die einzige in der gesamten *Ilias*, in der die Geste des Flehens den Angeflehten ernüchtert, statt ihn zu erbittern. Urplötzlich wird Achill, gemeinsam mit den Söhnen des Priamos, zu seinem eigenen Opfer. Erst beim Anblick des alten Königs, dem er allein die Krone des Unglücks gelassen hat, scheint der Sieger, geheilt von seiner Raserei, endlich zu sich selbst zu kommen, ja seine Worte lassen in ihm gar den Wunsch aufsteigen, den eigenen Vater zu beweinen: »Sprach's und erregt in jenem des Grams Sehnsucht um den Vater.« [XXIV, 507, S. 496] Der Mörder wird wieder zu einem Menschen, beladen mit Kindheit und Tod. »Sanft bei der Hand anfassend, zurück ihn drängt' er, den Alten. / Beide nun eingedenk.« [XXIV, 508, S. 496] Für mich ist diese die schönste Stille der *Ilias* – eine absolute Stille, die den Lärm des Trojanischen Krieges, das Gebrüll der Menschen und Götter sowie das Grollen des Kosmos mit sich fortreißt. Endlich kommt, kaum wahrnehmbar, das Werden des Universums zum Stillstand: Eine Sekunde lang, für immer.

Priamos wendet sich an Achill, aber er findet Achill nicht mehr. Die Demütigung zerstört nicht nur Körper und Seele, sondern auch die Selbsterkenntnis, die dem Besiegten zuteilwird und die ihn in seinen eigenen Augen beschmutzt und sogar noch das Erbarmen besudelt, das man mit ihm empfinden kann. Niemals zuvor haben Demütigung und Lüge im Spiel der Kräfte derart die Innenräume des Seins affiziert. Gewiss, der Pakt zwischen Gewalt und Falschheit ist so alt ist wie die Menschheit selbst, allerdings waren beide in der Vergangenheit klarer voneinander unterscheidbar. Bis in die allerkleinste seiner Gesten hinein macht Achill deutlich, dass er es nicht zulassen wird, dass sie sich erneut vermischen. Auf diese Weise entzieht er sich in gewisser Weise der Definition, mit der Péguy denjenigen beschreibt, dem das Flehen eines anderen gilt: »[E]in Mensch, der sich in einer so genannten glücklichen Situation befindet ... ein glücklicher Mensch, ein Mensch, der glücklich zu sein scheint, der glücklich ist.« Zweifellos zählt Achill zu den Mächtigen dieser Welt, doch trotz seiner Erfolge ist er keineswegs glücklich zu nennen. Dieser Coriolanus steht nicht im Range eines Staatsmannes vom Schlage Agamemnons, der noch den Groll seiner gefährlichen Verbündeten zu seinem eigenen Vorteil umzumünzen weiß. Die Schläue eines Odysseus, des Schutzpatrons aller abgefeimten Schurken, aus dessen Kühnheit die Größe Griechenlands erwächst, liegt ihm ebenso fern wie das gestählte Wesen der Griechen, deren Macht sich in der Größe ihrer Herden und den Ausdehnungen ihrer Ländereien ausdrückt. Achill hat den Sieg davongetragen, doch er wird ihn nicht zu nutzen wissen: Odysseus, der Wächter der asiatischen Landwege und der offenen Meere der Barbaren, wird Troja schließlich zu Fall bringen. Die Grausamkeit Achills ist weder eine Technik noch hat sie Methode. Sie ist vielmehr eine Art Kulminationspunkt des Zorns. Nur im Zorn scheint es ihm zu gelingen, die Illusion der Allmacht zu erneuern, aus der sich sein Lebenssinn speist. Die vollkommene Übereinstimmung seiner Natur und seiner Bestimmung zum Zerstörer machen ihn zum unfreiesten aller Menschen; im Gegenzug ist ihm eine Freiheit der Körperlichkeit zu eigen, die ein prächtiges Schauspiel bietet. Ohne sich in die Gefahr der

Selbsterniedrigung zu begeben, kann man in ihm die »große stolze Seele« bewundern, die noch als Gefangene ihrer selbst einen wahrhaft erhabenen Körper bewohnt. Priamos bewundert Achill zwar, doch Homer sagt nicht, dass er ihm Ehre erweist. Nichts lässt darauf schließen, dass er sich, als sein Unglück ihn dazu zwingt, vor dem Mörder seiner Söhne auf die Knie zu fallen, tatsächlich in dessen Bann befindet. Homer stellt diese Geste weder für sein Volk noch für seine Söhne als beispielhaft dar.

Während des seltsamen Intervalls, das ihm das Schicksal an den äußersten Grenzen seiner Leidensfähigkeit zugesteht, erfreut sich Priamos an der Schönheit Achills, sprich an der Schönheit der Kraft. Es ist ein heiliger Moment des Atemholens, in dem die Seele, befreit von allem, was vorgefallen ist, die reine Betrachtung durch Anteilnahme ersetzt. Die harte, vom Schmerz versteinerte Wirklichkeit verflüssigt und verflüchtigt sich in einem Bild, das sie zugleich bannt. Der Hass weicht und verliert seine Macht; die Widersacher können sich in die Augen schauen, ohne länger eine Zielscheibe füreinander zu sein, etwas, das um jeden Preis zerstört werden muss. Durch diese plötzliche Distanz wird all das, was die blinde Raserei dem Erdboden gleichgemacht hatte – das Privatleben, die Liebe zu den Göttern und zur irdischen Schönheit, der fragile und zugleich hartnäckige Wille dessen, der den Tod herausfordert, um seine Blumen und Früchte zu ernten –, zu neuem, atmendem Leben erweckt. Der

Rat Achills lautet folgerichtig: »[L]aß uns den Kummer / Jetzt in der Seel' ein wenig beruhigen, herzlich betrübt zwar / Denn wir schaffen ja nichts mit unserer starrenden Schwermut.« [XXIV, 522–524, S. 496] Dies ist der Augenblick, in dem vom Grunde seines Herzens das Erbarmen aufsteigt und ihn überwältigt, ohne dass sich in dieses Gefühl auch nur ein Anflug von Reue mischte. Er hilft dem vom Schmerz gebeugten Alten auf, er tröstet ihn und lobt seinen Mut und bereut dabei das Böse, das er ihm zugefügt hat und immer noch zufügt, mitnichten. Vor dem Hintergrund, dass auch Achill als »bald hinwelkender Sohn« [XVIII, 458, S. 379] zum Exil verurteilt ist, soll auch Priamos sich in sein Schicksal ergeben. Die Bestimmung des Menschen ist es, sein Leben im Schmerz zu fristen. Dies ist der tiefere Grund der existenziellen Gleichheit der Widersacher, und nach Homers Willen soll es eben der Sieger sein, der den Verlierer daran erinnert. Zum einen aus der Wertschätzung für den Flehenden heraus, zum anderen um sich aus der Verantwortung zu stehlen, versteckt sich Achill hinter der Unausweichlichkeit. In aller Stille erteilt der Mörder seiner Söhne dem Priamos seine Lektion. Anders als Hiob reagiert dieser jedoch weder mit Entrüstung noch mit Auflehnung gegen diesen »Weisheitsschluss«. »Wie lange plagt ihr meine Seele und peinigt mich mit Worten?« [Buch Hiob, 19,2] Hiob beschuldigt Gott, ihn seines gesamten Besitzes beraubt zu haben, und fordert Gerechtigkeit:

»Doch ich wollte gern zu dem Allmächtigen reden und wollte rechten mit Gott.« [Buch Hiob, 13,3] Priamos reagiert auf Achills Aufforderung, sich in sein Schicksal zu fügen, mit Schweigen. Welchen Sinn hätte es, sich zu entrüsten, zu rechtfertigen und zu verteidigen? Verflochten in ein Schicksal aus Stein, bleibt dem Menschen nichts anderes übrig, als, ebenso wie Niobe, selbst zu Stein zu werden. Das gesamte Christentum speist sich aus Hiobs Klagen. Es ist jedoch denkbar, dass es, mehr als ihm eigentlich bewusst ist, ebenso dem Schweigen des Priamos verpflichtet ist.

Achill misstraut sich selbst und scheut sich deshalb, die Waffenruhe durch einen seiner gewöhnlichen Zornesausbrüche zu stören. Stattdessen versucht er, jeden möglichen Vorwand zu umschiffen: »Hektors Leib, doch entfernt und ungesehn von dem Vater / Daß nicht tobte der Zorn in Priamos' trauernder Seele, / Schaut er den Sohn, und eifernd Achilleus' Herz er erregte, / Daß ihn selbst er erschlüg' und Zeus' Gebote verletzte.« [XXIV, 583–586, S. 498] Von Thetis gewarnt, erklärt er sich dazu bereit, Priamos den Leichnam seines Sohnes zu übergeben. Er hebt »Hektors Lösegeschenk, unendlichen Wertes« [XXIV, 579, S. 498], vom Karren und legt Leinenballen und eine Tunika darauf. Sklavinnen sollen auf seinen Befehl hin den Leib des Feindes waschen und salben. »Dann mit dem köstlichen Mantel ihn wohl umhüllt und dem Leibrock, / Hob ihn Achilleus selbst auf ein hingebreitetes Lager; /

Und ihn erhoben die Freund' auf den zierlichen Wagen der Mäuler.« [XXIV, 588–590, S. 498] Nachdem alle Wehklagen verklungen sind, entschuldigt sich Achill bei Patroklos dafür, dass er seinen Vergeltungsfeldzug beendet hat, und verspricht ihm einen angemessenen Anteil an dem Lösegeld, das Priamos auf den Leichnam seines Sohnes ausgesetzt hatte. Erst nachdem er auch noch seine letzten Skrupel überwunden hat, kommt er endlich zur Ruhe. Er verkündet Priamos, dass er ihm den Leib seines Sohnes zurückerstatten wird, und lädt ihn ein, an seiner Tafel Platz zu nehmen: »Auf denn, auch wir gedenken des Mahls, o göttlicher Alter, / Jetzo; hinfort dann magst du den lieben Sohn beweinen, / Kehrend in Ilios? Stadt, denn viel der Tränen verdient er.« [XXIV, 618–620, S. 499] Priamos zögert nicht, die Einladung zu diesem Leichenschmaus auf der Schwelle von Leben und Tod, diesem gemeinsamen Mahl im Intervall zwischen einem Krieg und dem nächsten, anzunehmen. Bei dieser Gelegenheit beschwört Homer die Gegenwart des Körpers auf ihrem Verwandlungsweg zur Seele, denn er weiß um den Hunger des leidgeprüften Menschen und um den gerechten Sieg des Körpers über die erschöpfte Seele, bevor dieser neue Tränen fordern wird. Das nächtliche Mahl ist kein Traum, es vollzieht sich nicht außerhalb des körperlichen Lebens, sondern ist vielmehr im Leben selbst die Verherrlichung dessen, was es überschreitet und heiligt. »Nachdem die Begierde des Tranks und der Speise gestillt ward« [XXIV, 628, S. 499], entspannen sich Achill und sein Gast, denn sie wollen das Unsühnbare vergessen, und, in der Tat, sie vergessen es. »Nun sah Priamos, Dardanos' Sohn, mit Erstaunen Achilleus, / Welch ein Wuchs und wie edel, er glich unsterblichen Göttern.« [XXIV, 629 f., S. 499] Im selben Augenblick wird auch Achill des edlen Aussehens seines Widersachers gewahr.

Einmal mehr überstrahlt die Schönheit das Leiden, scheint in ihr doch die Möglichkeit der Rettung auf. Ihre Strahlen durchbrechen die Wolken und zeigen inmitten alles Quälenden den Weg des Friedens auf. Die Pausen des Werdens, in denen die Schönheit der Ewigkeit ihre Durchsichtigkeit darbringt, sind allerdings nicht nur »schöne«, aus dem Kontinuum der Zeit herausgesprengte Momente ohne Bezug zu der sie umgebenden Wirklichkeit, sondern sie sind in den teuflischen Kreislauf des Handelns verstrickt. Wenn Helena an den Toren Trojas erscheint oder Priamos in das Zelt Achills eintritt, dann sind dies nicht allein Ereignisse im vordergründigen Sinne, sondern Sinnbilder der Wahrheit. Es geht nicht um die in der Antike unbekannte Vergebung einer Demütigung, sondern um das *Vergessen der Demütigung* im Angesicht der Ewigkeit. In diesem Sinne antizipiert Homer mit einer vom späteren philosophischen Denken kaum eingeholten Hellsichtigkeit die Identität des Schönen und Wahren an der Wurzel des griechischen Denkens.

An dem Punkt, wo sich die tragische und die kontemplative Ordnung scheiden, erscheint Priamos als Bote des Dichters, als die Verkörperung der homerischen Weisheit schlechthin.[9] Weit umfassender noch als Zeus auf dem Gipfel des Berges Ida, steht Priamos für den ewigen Beobachter der Tragödien, deren Opfer er zugleich ist. Ihm ist es zu verdanken, dass einen Augenblick lang die Schwäche über die Gewalt triumphiert. Indem er dem Feind, der ihn unterworfen hat, Bewunderung zollt und der Fremden, die seine Stadt in den Ruin gestürzt hat, Gerechtigkeit widerfahren lässt, setzt der alte König der Ursache seines Dramas ein Absolutes entgegen und spricht das Leben zugleich frei. Dieser Moment ekstatischer Hellsicht, in dem die verstörte Welt auf einer höheren Ebene wieder zusammengefügt wird, hebt in den leidenden Herzen den Schrecken zukünftiger Ereignisse auf: das Schicksal des Priamos, den Brand Trojas und den Pfeil des Paris, der Achill niederstrecken wird. Hiob wird im Glauben alle Schätze der Wirklichkeit wiedergewinnen, während Priamos nur wenig später allein vor dem Leichnam Hektors stehen wird. Dennoch genügt dieser Augenblick am Rande der Nacht, um die Morgenröte einer der Freude unbekannten Freude zu beschwören, die das Leben mit dem Leben versöhnt. Niobe bewegt ihre versteinerten Glieder und wird zu neuem Leben erweckt.

Achill begnügt sich nicht damit, die Befehle der Götter nur auszuführen. Noch während der Trauerfeierlichkeiten für Hektor verspricht er, die Waffenruhe auszurufen, um im nächsten Augenblick, durchdrungen von Achtung und Zärtlichkeit, den Kennzeichen der wahren Kraft, die Hand des Priamos zu ergreifen: »Also sprach der Peleid' und faßt' am Knöchel des Greises / Rechte Hand, damit er des Herzens Furcht ihm entnähme.« [XXIV, 671 f., S. 500]

Auch dies ist Achill – Alexander oder dem »Grand Condé« [Louis II. de Bourbon, französischer Feldherr des 17. Jahrhunderts] näherstehend als den Barbaren, von denen er abstammt. Der Edelmut dieser Geste enthüllt die ganze Ambivalenz eines Mannes von Geblüt, in dem der Jähzorn mit einem gerade erst einsetzenden Zivilisationsprozesses kollidiert. Interessant ist in diesem Zusammenhang, dass der stets aufs Neue enttäuschte Eroberer eine geheime Leidenschaft zur Musik in sich trägt. Als Odysseus ihn aufsucht, um ihn mit seiner Botschaft zu besänftigen, findet er ihn mit einer »schönen und künstlich gewölbten« [IX, 187, S. 164] Leier vor, die Achill aus den Trümmern einer zerstörten Stadt geborgen hat: »Hiermit erfreut er sein Herz und sang Siegestaten der Männer.« [IX, 189, S. 164] Seine innere Freiheit kommt in der Freundschaft und der Musik zum Ausdruck. Doch ist es tatsächlich die Freiheit, um die es ihm geht? Wenn er dem Ruhm den Vorzug vor einem langen Leben gegeben hat, so doch nur deshalb, weil ihm die Unsterblichkeit der Allmacht mehr bedeutet als die Unsterblichkeit der Seele. In gewisser Weise könnte man in Achills Zerstörungswut den Hass auf die Zerstörbarkeit alles Irdischen und also das dionysische Element erkennen, in Hektor hingegen das apollinische, sprich den Willen zum Erhalt der menschlichen Ordnung aus Liebe zu allem Seienden im Bewusstsein seiner Verwundbarkeit. Aber natürlich sind die Homer'schen Figuren allemal komplexer als die Konzentriertheit und die Prägnanz des klassischen Stils es nahelegen, was es nahezu unmöglich macht, die gesamte Fülle des Epos auszuschöpfen.

Achills vermeintliche Hellsicht vermehrt in Wahrheit nur die Rätsel. Durch die Genauigkeit der Darstellung erkennen wir die abgründige Bewegtheit des Lebens, unter deren formaler Vollkommenheit tiefe Ambivalenzen schlummern. Indem Homer einerseits die großen Symmetrien des Werdens aufscheinen lässt, rückt er andererseits die Gegenwart des Inkommensurablen ins Blickfeld. Alles, was sich aufgrund seiner inneren Natur plastischer Gestaltung zu entziehen scheint – das Flüchtige, Fließende, das Gewimmel des Möglichen, die Spiegelungen der Gegensätze – ist in den Statuen des Epos gegenwärtig, ohne dass ihre äußere Ruhe dadurch gestört würde. Die Helden Homers erscheinen zugleich als Schauspieler in einer klassischen Tragödie *und* als Sterbliche. Um das Wesen des Klassischen zu vollenden, so bemerkt Nietzsche, »muß man *alle* starken, anscheinend widerspruchsvollen Gaben und Begierden haben: aber so, daß sie miteinander unter Einem Joche gehen«. Es ist zu vermuten, dass sich der Philosoph auf Homer bezieht, wenn er die Größe des Klassikers auf folgende Gabe zurückführt: »über das Chaos Herr werden, das man ist; sein Chaos zwingen, Form zu werden.«

Antike und biblische Quellen

Der Sinn für die Wahrheit ist im Grunde genommen weniger eine Entdeckung denn eine Gabe. Natürlich gibt es abgesehen von Bibel und *Ilias* auch in anderen Kulturen heilige Schriften, doch keine, in denen die Berufung zur Wahrheit sinnfälliger wäre. Nur in diesen beiden sind wir ganz und gar zu Hause: Wir reinigen uns sozusagen an unserer eigenen Quelle. Aufgrund ihres unmerklichen Wachstums befinden sich Bibel und *Ilias* stets auf der Höhe unserer wie immer auch widersprüchlichen Erfahrung. Beide Werke spenden uns den notwendigen Trost; in ihnen liegt unser Zugang zur Wahrheit inmitten der konkreten Wirklichkeit unserer Kämpfe beschlossen. Je inniger unser Verhältnis zu diesen beiden göttlich inspirierten Büchern ist, desto größer ist unser Misstrauen gegenüber allzu symbolischen Interpretationen, die sie mit Sinngebungen geradezu überschütten. Ist es vielleicht allzu gewagt, in den Gegensätzlichkeiten der biblischen und der homerischen Vision des Lebens – dem Mut der gerechten Tat einerseits, dem kriegerischen Handeln andererseits, der Heilung durch den Glauben und der Erlösung durch die Poesie, der Ewigkeit als Zukunftsperspektive und der Ewigkeit als überzeitlicher Dimension, die sich von Fall zu Fall in einer vollkommenen Form konkretisiert – eine tiefe Identität zu entdecken? Auf den ersten Blick scheinen die Helden, die ihre Götter verdunkeln, um selbst ins Licht des Schicksals zu treten, nur wenig gemein zu haben mit jenem Volk von Sündern, das seinen alleinigen Gott durch die eigene Substanz bereichert. Was aber die Religion des Schicksals und die der Anbetung des lebendigen Gottes eint, ist die Weigerung, das Verhältnis zum Transzendenten zu instrumentalisieren beziehungsweise zu mystifizieren. Der Gott der Bibel lässt sich zwar rühren, nicht aber durch Gebete bestechen; die Opferriten können die Olympier zwar besänftigen, nicht aber das Schicksal beugen.

Nichts ist dem Gott Israels fremder als die unüberwindliche Ferne mystischer Gottheiten. Ebenso wenig wie er vom Menschen verlangt, seiner Kreatürlichkeit zu entsagen, um für ihn frei zu werden, entzieht er sich selbst der Trauer und der Mühsal, zu der er die Menschheit verdammt hat. Moses wird dafür bestraft, dass er dem Ansinnen seines Volkes nachgibt und sein persönliches Verhältnis zu Gott in ein magisch-okkultes umwandelt. Prometheus ist nicht nur das Opfer seiner eigenen schöpferischen Kühnheit und seines Erlösungswahns, sondern er sühnt zugleich seine Überheblichkeit, die Anmaßung, den Menschen mithilfe einer Mischung aus Wissenschaft und Magie aus seiner ontologischen Bedingtheit befreien zu wollen.

Auf dem Höhepunkt von Macht und Leidenschaft des Denkens ist es gerade die Annahme der eigenen Ohnmacht, die es den Propheten ebenso wie den Tragikern ermöglicht, die Wahrheit als Urgrund des Religiösen zu erkennen. Die radikale Entzauberung in den Psalmen des David ist nicht weniger bitter als diejenige, die aus den Versen Homers oder Aischylos' spricht. Zwischen dem Jubel, der sie übertönt, und der Trauer, die sie heiligt, erstreckt sich jene Distanz, die Gottes Liebe vom *Amor Fati* scheidet. In beiden Fällen vermischt sich äußerste Demut mit der Annahme des Skandalons, das in der Inkommensurabilität der ethischen Kategorien und ihres Verhältnisses zum gerechten Gott der Geschichte beschlossen liegt. Hiob verteidigt seine Position, er erhebt Anklage, doch ebenso wenig wie das Schicksal hält Gott es für nötig, sich zu rechtfertigen. Die Propheten Israels verherrlichen den Herrn, der ganze Generationen vernichtet, um das eine Volk zu erschaffen, das bereit für seine Gaben ist. Der höchste Bewusstseinsgrad, den die Helden der *Ilias* erreichen können, besteht in der vollkommenen Abwesenheit des Urteils. Der

Verzicht auf die Hoffnung, der Geist könne eine ihn befriedigende Belohnung erhalten, bedeutet allerdings nicht, dass die Liebe zur Ewigkeit erloschen ist; dass diese niemals aufhört, kommt unmissverständlich in der Entscheidung Hektors zum Ausdruck: »Daß nicht arbeitlos in den Staub ich sinke, noch ruhmlos, / Nein, erst Großes vollendend, wonach auch Künftige hören!« [XXII, 304 f., S. 444] Auf ähnliche Weise glüht sie im Jubelgesang des Psalmisten – »Ich werde nicht sterben, sondern leben und des HERRN Werke verkündigen.« [Psalm 118,17] –, der zwar weiß, »wie vergänglich du alle Menschen geschaffen hast!« [Psalm 89,48], aber dennoch nicht aufhört, den Tod stets aufs Neue herauszufordern, indem er den Gegensatz zwischen den natürlichen Begrenzungen der Menschen und der Allmacht Gottes furchtlos ins Auge fasst: »Ich habe gesehen, dass alles Vollkommene ein Ende hat, aber dein Gebot bleibt bestehen.« [Psalm 119,96]

Das Einfühlungsvermögen, mit der hier die ethische Erfahrung an das metaphysische Problem gekoppelt wird, hat sich weder vor der lebendigen Welt verschlossen noch sich selbst überwunden, um die Dinge zu beherrschen. Es ist einfach so, dass das ambivalente Universum der dämonischen Kräfte aufgehört hat zu existieren, während die Welt der rationalen Symbole sich andererseits noch nicht konstituiert hat. Der Hexenmeister versucht, die widerspenstige Natur mit nur mehr unwirksamen Zauberformeln zu bezwingen, der Philosoph hat noch nicht gelernt, wie er sich selbst bezaubern muss, um Abstraktionen zum Leben zu erwecken. In diesem besonderen Augenblick der Geschichte kristallisiert sich in den lyrischen Predigten der Propheten Israels ebenso wie in den Epen Homers eine unvergleichliche Denkweise heraus, die uns ihre inneren Strukturen nicht direkt mitteilt, sondern immer nur dann aufscheinen lässt, wenn der Mensch an den Wegmarken seiner Existenz mit sich selbst zusammenprallt.

Dabei bestehen keinerlei Abhängigkeiten, weder zwischen dem Geist der Bibel und dem religiösen Spiritualismus noch zwischen dem Geist der *Ilias* und dem philosophischen Spiritualismus. Die Schicksalsergebenheit des Epos gleicht den unveränderlichen Substanzen der Philosophie ebenso wenig wie der Gott Moses dem Gott der Deisten oder Theosophen. Es gibt nichts zutiefst Menschliches und zugleich weniger Menschenfreundliches als jenes beseelte Denken, das sich niemals von der oszillierenden Subjektivität entfernt, in der es die Identität des Seienden jenseits der Teilungen des Seins enthüllt. Je mehr es das real existierende Subjekt an sich zieht, desto unwichtiger wird ihm alles Individuelle.

In den politischen Visionen der biblischen Propheten wird ein kleines Volk den Intrigen seiner gefürchteten Nachbarn ausgesetzt, deren Konsequenzen es zu tragen hat. Es wird dazu gezwungen, in den Krieg einzutreten und unter dem Joch der Knechtschaft auszuharren, ohne dabei den Willen zur Unabhängigkeit und den Glauben an das eigene Schicksal zu verlieren. Auf diese Weise werden die wunden Punkte großer Reiche deutlich, die Schwachstellen, die hinter dem äußeren Glanz verborgen liegen. Auch bei Homer, dem ersten griechischen Geschichtsschreiber, finden wir eine hellsichtige Analyse der politischen und wirtschaftlichen Ursachen jenes Konflikts, der im unüberwindlichen Gegensatz der agrarisch-militärischen Organisation der arroganten Stämme der Griechen und dem Pazifismus der trojanischen »Plutokratie« begründet liegt. Erst nachdem die historische Analyse in allen Details ausgeschöpft ist, werden wir in der Person des Achill mit der Wucht der nackten Ereignisse konfrontiert, dem Krieg und der Irrationalität. Sowohl bei Homer als auch bei den Propheten strebt das Denken über die sozialen Bedingungen hinaus in die Region reinen Seins im Sinne einer religiösen Affirmation des Lebens in seiner Totalität. So ist der Begriff der Nation dem biblischen Kontext (in dem das Volk als soziales Gebilde hervortritt, das einem Ruf folgt) ebenso wesensfremd wie der Welt Homers, dessen Unparteilichkeit einen Grad an Barmherzigkeit erreicht, der es unsinnig erscheinen lässt, die persönlichen Präferenzen des Dichters bestimmen zu wollen. Worum es geht, ist eine Art ethischen Denkens – wenn wir bereit sind, die Bedeutung dieses

Begriffs auf jene Momente vollkommener Selbstkontrolle zu begrenzen, in denen eine Entscheidung der Abwesenheit anderer Entscheidungsmöglichkeiten geschuldet ist. »Die Innerlichkeit dauert nur einen Augenblick«, sagt Kierkegaard, und es ist eben jener Augenblick, aus dem heraus sich sowohl das biblische als auch das homerische Denken auch dort noch speist, wo es regelrecht in die Geschichte einzubrechen scheint.

Die Krisen, die der Mensch durchleben muss, verändern die Grundkonstanten menschlichen Werdens nicht. Die Geschichte ist und bleibt eine verschlungene Abfolge von Katastrophen und Waffenruhen, von temporären Problemkonstellationen, die von Fall zu Fall gelöst beziehungsweise verdrängt werden. Da der Mensch, der die Last der vollkommenen Ohnmacht kennengelernt und diese sogar überlebt hat, sich aber nicht damit begnügt, in Bedeutungslosigkeit dahinzuleben, versucht er, die Kräfte, die seine Verzweiflung in ihm mobilisiert hat, zu nutzen, um die Intensität, die niemals von Dauer sein kann, in die Dauer zu integrieren und durch ständige Wiederholung den unbeherrschbaren Augenblick einzufangen. Im Übergang von der Ethik zur Moral liegt derselbe Verrat der Werte beschlossen wie auf der Schwelle vom ästhetischen Wohlgefallen zum Hedonismus: Die ethische Qualität, die keine Abstufungen kennt, erniedrigt sich selbst zu einer zartbesaiteten, moralischen Qualität und macht sich dadurch kommensurabel. Es kommt aber darauf an, durch Disziplin einen Lebensstil zu verwirklichen, der die Erinnerung an jene Augenblicke vollendeter Innerlichkeit ins Unendliche verlängert, denn, einmal auf ihr normales Maß zurückgefallen, verliert die jäh gesteigerte Subjektivität automatisch ihre Fähigkeit zur Übersteigerung. Es ist ihr nicht gegeben, ihre Verwandlungen zu bewahren. Was übrig bleibt, ist ein ohnmächtiges Bild.

Ebenso wie die ästhetische Betrachtung sich im Kunstwerk selbst vollendet, konkretisiert sich die ethische Erfahrung in den Handlungen, die sie übersteigen. Was aber bliebe von ihnen, wenn die Poesie nicht zum Zeugen ihrer Wirklichkeit würde? Wie wäre es um ihre Dauer bestellt ohne den Beistand der Vorstellungskraft und das Genie des Wortes, die in der Poesie das Wunder der unmöglichen Wiederholung vollbringen? Die Bindung der Ethik an die Poesie ist im Grunde wesentlich fester und tiefer als diejenige, die sie an die Moral fesselt. Wenn sowohl die Bibel als auch die Religion des Schicksals sich immer wieder auf die Poesie beziehen, so nur deshalb, weil sie es ist, die ihnen die Wahrhaftigkeit ethischen Handelns zurückerstattet, auf deren Grundlage sie sich erst entwickelt haben. Nietzsches Proklamation des dionysischen Glaubens an die ewige Wiederkehr, Blakes religiöse Visionen, der Versuch Kierkegaards, die Erfahrung Abrahams zu entschlüsseln, und das Bekenntnis Pascals zum Gott Abrahams und Jakobs, sie alle bedienen sich – in Aphorismus und Paradoxon – ausschließlich der Sprache der Poesie.

Weder die Atmosphären der *Ilias* noch diejenigen der Bibel kommen der unbestimmten Erotik und der Verherrlichung ihrer magischen Naturkräfte entgegen. In einer neuen, gewaltigen Energie wird die von der vergöttlichten Natur beseelte erotische Liebe gebündelt, ohne dadurch allerdings den sinnlichen Zauber des Vergänglichen zu bannen. Das Glück der Gefühle vertieft sich vielmehr und gelangt so zum Bewusstsein seiner selbst. Ohne die Gemeinschaft mit den Elementarkräften zu verleugnen, erschafft eine grandios-anthropomorphe Vorstellungskraft eine neue Vertrautheit von Mensch und Kosmos. Berge, Inseln, Flüsse und Quellen, sie alle werden zu Teilen des Gotteslobs; sie verbünden sich im Kampf mit den Helden. In der Entwicklungsgeschichte vom Tier zum Menschen kommt es zur Befreiung des individuellen Bewusstseins. Unter der harten Sonne kriegerischen Lebens und in der Erwartung von Gottes Richterspruch nimmt die äußerste Raffinesse eines gemeinsamen Empfindens konkrete Formen an: die Freundschaft zwischen Achill und Patroklos und die von David und Jonathan, der Respekt des Angeflehten für den Flehenden und das Bemühen, bei der Ausübung der Gerechtigkeit dem Verurteilten die Demütigung zu ersparen.

Eine Ahnung davon, was die Durchdringung

von religiösem und poetischem Gefühl diesen Werten hinzufügt, wird deutlich, wenn man bedenkt, wie ihre Entwicklung verläuft, wenn sie sich vom Absoluten, aus dem sie entspringen, abzulösen beginnen. Als die außerordentliche Inspiriertheit der prophetischen Poesie versiegt, verkommt die Religion der Bibel zu fiebriger messianischer Mystik, und als die griechische Philosophie die Fragen Homers und Aischylos' durch Antworten zu ersetzen beginnt, verwandelt sich das tragische Ethos in Stoizismus. Die Moral bringt die Klagen des Helden zum Schweigen: Zu klagen wird fortan als unschicklich aufgefasst.

Dabei ist es nicht der Glaube allein, der den Zauber vom Sockel stößt, um die Ethik in der Mitte der Existenz zu verankern; auch die Poesie wird dem Zauber seine Kraft entziehen, Heldentaten werden die mythischen Heroen verdrängen. Die Geschichte der Taten Gottes in der Bibel lässt nach ihnen keine anderen Wunder mehr zu. Zum ersten Mal in der Geschichte geschieht es, dass der Mythos seine Zauberkraft verliert, seine sozialen Tugenden ebenso wie seine erklärende Funktion. Ohne bereits die Bedeutung erlangt zu haben, die ihm auf philosophischer Ebene, zumal bei Platon, zugewachsen ist, hat er aufgehört, die Aufgaben zu übernehmen, die der Zauber ihm übertragen hatte.

Platons Rekurs auf den Mythos ist Ausdruck des freien Spiels der Vorstellungskraft und des Entsagens der Vernunft im Angesicht des Paradoxons, das sie hervorruft. Die Wahrheit macht sich gewissermaßen über sich selbst lustig, und die Leidenschaft der Erkenntnis legt eine Pause ein, indem sie den bekannten Animismus als Mittel der Erklärung einsetzt. In dem Moment, in dem der Mythos in ein Bild der Existenz umgewandelt wird, in dem die Ironie über den Geist der Schwere triumphiert, der die einmal erlangten Wahrheiten bedroht, erklärt Platon die Ohnmacht der Vernunft. Doch tut er dies in Wahrheit nicht nur, um ihr zu Hilfe zu eilen? Wo die Vernunft ausgedient hat, soll der Mythos an ihrer statt wieder eingesetzt werden. Die Philosophie scheut vor keiner Allianz zurück, wenn es darum geht, ihre Macht über den Menschen und das Universum auszudehnen. So können auch Dämonen und Ideen durchaus friedlich zusammenleben. Platon schert sich nicht im Mindesten um die Unvereinbarkeit des Animismus, der auf Charme und Sympathie beruht und den er mit den Prinzipien und Methoden der Philosophie durchdringt. In Wahrheit streben seine syllogistischen Formeln und Überlegungen ebenso wie die exorzistischen Zaubersprüche auf unterschiedlichen Wegen ein und demselben Ziel entgegen. Unerschrocken stellt Platon sein rationales Gedankengebäude auf ein mythisches Fundament, um die Vernunft mithilfe des von kollektiven Vorstellungen geprägten Gefühls des Heiligen umso entschiedener zu befestigen. In seiner Eigenschaft als Dolmetscher der unsichtbaren Welt und als Vermittler sinnlicher Wahrnehmung und Intelligenz steht der Mythos einer bestimmten Hoffnung auf die Herrschaft über Seele und Kosmos zur Seite, die bei Platon den Philosophen und den Zauberer gleichermaßen in Versuchung führt.

Nun ist es aber gerade dieser Wille zur Herrschaft, den Bibel und *Ilias* gleichermaßen verurteilen. Die Prophezeiung schließt die Vergöttlichung aus, die auch durch magische Praktiken nicht zu erlangen ist. Um in Kontakt zum Übernatürlichen zu treten, gibt es also keinen anderen Weg als die Redlichkeit des Herzens. Zwar ist es richtig, dass diese Dimension der *Ilias* fremd ist, doch hätten die Götter Gott wohl kaum vor Homer und Aischylos geheim gehalten, wenn nicht zugleich das Schicksal seinen Platz eingenommen hätte. Es ist eben das *Amor Fati*, keineswegs der Polytheismus, der dem Glauben entgegensteht. Gleichwohl ist Homer nicht weniger strikt in seiner Verurteilung des menschlichen Allmachtstrebens als die Bibel. Nur um seine Helden gnadenloser Vergeltung zu überantworten, verherrlicht er auf dem Höhepunkt kriegerischer Aktion das Übernatürliche. Die vergängliche Unverwundbarkeit, welche die Götter ihren Schützlingen verleihen, bringt die Vorläufigkeit ihrer Kräfte nur umso deutlicher zum Ausdruck.

Nichtsdestoweniger legen weder der Glaube an das Schicksal noch der Monotheismus jene Herabwürdigung der Wirklichkeit nahe, zu der uns noch jede Philosophie unter dem Deckmantel des Respekts für ihre jeweiligen Wertvorstellungen auffordert. Eine unendliche Zärtlichkeit für alles Vergängliche zerreißt das Herz der Menschen, die ihrer wahren Güter beraubt sind. Doch dieses *Beraubtsein*, sei es nun der Strafe Gottes oder den Gesetzmäßigkeiten des Schicksals geschuldet, hat nichts gemein mit jener *Abspaltung*, der Trennung von Leib und Seele, auf die sich die Philosophen beziehen. Weder die Liebe der Propheten zu ihrem geknechteten Volk noch diejenige des Prometheus zu dem bedrohten Menschengeschlecht löst sich von ihrem Gegenstand ab, um Ewigkeit zu erlangen. Der Gott der »Höhe«, den die »Himmel der Himmel nicht fassen können«, wohnt gemeinsam mit dem Menschen auf der Erde. Es ist die Demut im Angesicht der Wirklichkeit nicht zu zähmenden Seins, die uns die Wehklagen und Fürbitten der Tragiker und die Mahnungen und der Jammer der Propheten lehren. Wir müssen deshalb den ethischen Gehalt von Bibel und *Ilias* vom magischen Denken, das ihm vorausgeht, und dem dialektischen Denken, das ihm folgen wird, unterscheiden, ohne dabei gewisse Affinitäten zwischen den Reflexionen eines Homer, eines Jesaja und der Metaphysik Platons zu übersehen. Wird Sokrates' Wunsch nach Unsterblichkeit nicht in gewisser Weise bereits in den kontemplativen Passagen der *Ilias* erfüllt? Und jener Gott, der nicht nur im Dornbusch lodert, sondern als »großer, starker Wind, der die Berge zerriss« [1. Könige, 19,11], ist er es nicht, der mit seinem Odem die »wunderbare platonische Hoffnung« zum Leben erweckt?

Im Universum Homers, das in eine Vielzahl einander widerstrebender Energien aufgespalten ist, die sich allesamt gegenseitig ausbremsen – bildlich kommen sie in den Duellen der Helden und den Streitigkeiten der Götter zum Ausdruck –, erscheint die Gewalt allein als einheitliches Prinzip: identisch mit dem Werden, das sie ohne Ursprung noch Ziel lenkt. Sie ist, was sie ist, das erste, unbestimmte, absolute Prinzip all dessen, was aus ihr folgt. Im Gegensatz dazu birgt die Darstellung der Gewalt im biblischen Kontext eine fundamentale, wenn nicht gar ursprüngliche Heterogenität: auf der einen Seite die Endlichkeit der Gewalt als Wille zur Macht des Menschen, der sich anschickt, selbst Gott zu werden, auf der anderen Seite die Unendlichkeit der Gewalt, die Gott höchstpersönlich ist. Indem die Bibel die bestechliche Energie der kreativen Energie entgegensetzt, konstruiert sie eine Dualität, die nur in der Idee der Auferstehung überwunden werden kann. So ist es ursprünglich die Vorstellung der Gewalt, die gleichermaßen den Glauben der Griechen an die Unsterblichkeit und den Israels an die Auferstehung begründet. Für die einen konkretisiert sich die auf ein bewegliches Ziel hin befindliche Auferstehung im Bild des Werdens, für die anderen kommt dieses Werden in einer verschlungenen Abfolge von Entwicklungen und Todesfällen zum Ausdruck, durch die das Sein sich selbst behauptet. Hier erscheint Gott als Herrscher über das Werden, dort ist es das Schicksal, das über die Götter herrscht.

Die Idee der Auferstehung setzt das Interesse an der Zeitlichkeit voraus. Das entscheidende Merkmal der biblischen Religion ist nicht der Glaube an die Unsterblichkeit an sich, sondern der Wille, den Tod in der Zeit zu besiegen. Nicht nur das Volk erfährt in Gott seine Auferstehung, sondern auch Gott ersteht im Herzen seines Volkes wieder auf. In diesem Sinne ist die Ethik selbst ein *Moment der Wiederauferstehung*, ein Aufstand der endlichen Kräfte gegen Verfall und Bestechlichkeit. Die monistische Idee der Gewalt hingegen, die Vorstellung einer der ewigen Wiederkehr innewohnenden diffusen Schuldhaftigkeit sowie das Bild einer die Himmel der Immanenz verdunkelnden Schicksalsergebenheit, eicht das griechische Denken auf ästhetische Abspaltung, Ewigkeit und die Erlösung durch Schönheit hin. Lange bevor die Liebe zum Unzerstörbaren von Platon Besitz ergreift, explodiert sie bereits in Homer. Mit ihm beginnt die Suche nach Vollkommenheit, in deren asketischem und heiligem Charakter wir den Inbegriff des griechischen Genies erkennen. Nicht anders als die Propheten Israels richtet Homer sein Interesse ganz und gar auf das Werden. Allerdings konkretisiert sich dieses für ihn nicht in einem von Blut und Schrecken getränkten messianischen Frieden, sondern zielt vielmehr auf die ruhige Ekstase eines zukünftigen Gesangs, dessen Schönheit den Menschen zugleich tröstet und verzweifeln lässt, um auf diese Weise Zeugnis vom verlorenen Leiden abzulegen, das der Dichter aus Treue zu seinem eigenen Wahrheitsbegriff besingt.

Während der Glaube an die Auferstehung, der Gott die Macht zuspricht, die Rettung des auserwählten Volkes, ja aller Völker und schließlich der gesamten Menschheit erwirken zu können, das Prinzip der Gemeinschaft behauptet, besiegelt der Glaube an die Unsterblichkeit das Prinzip der Einheit, indem es das inkommensurable Ereignis hervorhebt, gleichgültig, ob dieses nun den Namen Hektor, Achill oder Helena trägt. In beiden Fällen handelt es sich um etwas Einzigartiges, das im Prozess des Werdens als ewiger Augenblick extrapoliert wird. Aufgabe des Menschen und seine höchste Bestimmung ist es also, sich selbst und die Dinge in den Rang der Unsterblichkeit zu erheben; sie zu neuem Leben zu erwecken obliegt allein der Schöpferkraft Gottes, jenes Gottes des Hesekiel, der sein Volk aus dem Grab befreit und den toten Knochen neues Leben einhaucht.

Ebenso wie die Kraft, aus der es sich ableitet, entspringt auch das Bedürfnis nach Gerechtigkeit in den Propheten und den Weisen aus unterschiedlichen Quellen. Die einen hoffen auf die Gerechtigkeit ihres Gottes, die anderen erwarten Gerechtigkeit von einem ihnen überlegenen Menschen als das Äußerste, was ein Mensch dem anderen zu gewähren vermag. Niemals hätten die Propheten die Vorstellung zugelassen, dass man Gerechtigkeit aus eigener Kraft erlangen könnte. Gott muss seinem Volk helfen, die Gerechtigkeit aus den Verstrickungen der Geschichte und dem Chaos der Ungerechtigkeit zu schmieden. Sollte sich das Volk allerdings gegen sein Auserwähltsein auflehnen, dann träfe die Strafe gleichermaßen den Gerechten wie den Ungerechten, denn in einem schuldigen Volk gibt es keine Unschuldigen. Die Urteile Gottes schreiben sich tiefer in die Geschichte des ganzen Volkes als in die seiner Individuen ein. Hiob stirbt, ohne dass sein hartnäckiges Klagelied verstummt, sein Volk darf dennoch getrost auf die Auferstehung rechnen, ein Versprechen, das seine Gültigkeit niemals eingebüßt hat: »Den Zorn des Ewigen werde ich aushalten, denn gegen ihn habe ich gesündigt, denn er steht auf meiner Seite und lässt mir Gerechtigkeit widerfahren.« Die Gewissheit, eines Tages tatsächlich Gerechtigkeit zu erlangen, verbürgt sich für das Volk Israels in der Generationenabfolge, einer langen Kette von Katastrophen und Wundern, die seine Geschichte ausmachen. Nur unter dieser Perspektive ist es überhaupt einsichtig, dass die Propheten, anders als die Griechen, je unbarmherziger sich das Unheil über ihr Volk ergießt, umso entschiedener darauf bestehen, das Schicksal nicht anzuerkennen.

Für die Griechen gibt es in der Geschichte, diesem Schauplatz von Tragödien und Dramen kollektiver Leidenschaften, keine göttliche Gerechtigkeit, an die man in letzter Instanz appellieren könnte. Die eigentlich Schuldigen, wenn es sie denn gibt, sind die Götter selbst, denn sie entscheiden über den geschichtlichen Verlauf, während das Gründen und Bauen, das Wagen und Riskieren dem Menschengeschlecht obliegt. Das, was die Griechen ehrfurchtsvoll von ihren Göttern erbitten, ist nicht Liebe, sondern Wohlwollen, die Anerkennung ihres Bemühens, ein Gleichgewicht zwischen den Leiden der Zügellosigkeit und der Verneinung der Extreme herzustellen. Das Gesetz, diese stets prekäre und doch haltbare Brücke, die sich über die Wallungen der von Leidenschaften geschüttelten, dabei aber niemals vollkommen überwältigten Geschichte spannt, ist ein ganz und gar menschliches Werk. In dem Augenblick, in dem es zusammenbricht, steht der große Gesetzgeber unverzüglich bereit, um die Dinge wieder in Ordnung zu bringen und die Fundamente der gerechten Stadt zu befestigen. Da er um die Biegsamkeit und die Starre des Lebens weiß, ist er im Gegensatz zur Unbeweglichkeit Kreons und der Unerbittlichkeit Antigones immer zu Kompromissen mit dem Leben bereit. Er versucht, das Leben unter das Gesetz der Gerechtigkeit zu beugen und die Gerechtigkeit unter das der Notwendigkeit: ein durchaus kühner Kompromiss zwischen zwei absoluten Werten, deren Kollision unvermeidlich ist.

Vielleicht ist es eher der große Gesetzgeber und nicht der Philosoph, den man als legitimen Erben der homerischen Weisheit und als Nachfolger Hektors begreifen muss. Solon, der Staats- und Geschäftsmann, der Soldat, Reisende, Gesetzgeber und Poet, vollendet und erhöht in seiner Person die innige Gemeinschaft von ästhetischer Notwendigkeit und ethischem Impuls, der bei den Griechen an der Wurzel der Suche nach Gerechtigkeit steht. Auf denkbar unpathetische Weise repräsentiert er einen Menschen mit einem enormen Erfahrungshorizont, der sich dem Kampf um Ausgleich verschrieben hat und sowohl in Kriegs- und Friedenszeiten zu behaupten weiß. Während die Götter für Glück, Reichtum und Ruhm zuständig sind, ist der Mensch imstande, diese Werte ins Verhältnis zur Gerechtigkeit zu setzen. Wenn er dies versäumt, dann wird die »fatale Katastrophe« ihn früher oder später zerschmettern. »Sie kommt leise«, sagt Solon, »wie das Feuer. Am Anfang ist sie ein Nichts, am Ende ein großes Unheil. Die Werke der Gewalt können niemals von Dauer sein. Zeus sieht das Ende aller Dinge voraus. So wie der Frühlingswind mit einem Mal die Wolken verscheucht, nachdem er die Fluten des unfruchtbaren Meeres aufgewühlt hat und die reichen Felder der nährenden Erde verwüstet hat, steigt sie, um den Blicken der Menschen ihren ätherischen Glanz zu verleihen, plötzlich zu den höchsten Höhen der Götter auf, zum steilen Himmel, und die Kraft der Sonne verbreitet auf der fetten Erde schöne leuchtende Sonnenstrahlen, und alle Wolken verschwinden. So äußert sich die Vergeltung Zeus'.« Ihm obliegt die Vergeltung, den Sterblichen die Gesetzgebung. Es ist die tiefe Sorge um die Gerechtigkeit, die den geheimen Stolz des Menschen angesichts der Anarchie des Götterreigens, der kosmischen Unordnung und der Instabilität menschlicher Gesellschaften ausmacht. So verbindet sich im Griechentum der Wille zu einer gerechten Gesetzgebung mit der Liebe zu Unabhängigkeit und Eigenbrötelei. Wenngleich diese Vorlieben vordergründig gesehen im Widerspruch zur Universalität des »Jus« (Rechts) zu stehen scheinen, wird die Glut der Gerechtigkeit eigentlich durch sie erst entfacht.

Fremd, ja gegensätzlich scheinen das *pathos* der jüdischen Propheten und der *ethos* des griechischen Gesetzgebers einander gegenüberzustehen. Und doch verbindet sie an ihrer Wurzel eine innere Notwendigkeit. Die Gerechtigkeit, unabhängig davon, ob der Mensch sie nun von Gott erfährt oder aus eigener Kraft verwirklicht, ist eine Frucht der fruchtbaren Erde: Nur in der heimatlichen Erde kann sie wachsen und gedeihen. Erst in späteren Entwicklungsstadien, wenn die Gerechtigkeit auf einen anderen Stamm gepfropft wird, kann sie sich auch unter veränderten Bedingungen weiterentwickeln. Niemals wird der Prozess der Universalisierung aber dazu führen, dass sie zu einer rein abstrakten Denkfigur erstarrt, die man mechanisch auf alle Orte und Zeiten übertragen könnte. Unter wechselnden Bedingungen muss sie ihren Wachstums- und Reifungsprozess jedes Mal aufs Neue vollziehen. Die Aufforderung Hoseas, der zufolge die Menschen die Felder der Heiligkeit ganz neu erschließen sollen, muss man deshalb im wörtlichen und übertragenen Sinne begreifen. Um Gerechtigkeit zu säen und Barmherzigkeit zu ernten, muss man zunächst im konkreten Wortsinn säen und ernten, »von Korn sollen sie sich nähren und sprossen wie der Weinstock« [Hosea, 14,8]. Gott allein ist der Herrscher über die Heimaterde, die er seinem Volk zur Nutzung überlässt.

Ebenso wenig wie der griechische Gesetzgeber, der, »indem er Kraft und Gerechtigkeit zusammen führt, all diejenigen, die vor ihren Herren zitterten, befreit hat«, ist auch der jüdische Prophet, der den Befehl gibt: »brich dem Hungrigen dein Brot, und die, so im Elend ohne Obdach sind, führe ins Haus. Wenn du einen nackt siehst, so kleide ihn, und entzieh dich nicht deinem Fleisch und Blut!« [Jesaja, 58,7], kein Aufwiegler, wie etwa Ernest Renan annimmt. Was der Prophet unablässig wiederholt, ist nicht der stolze Protest des Entwurzelten, sondern die kraftvolle Klage des Menschen der Scholle, der sich gegen die Sklaverei auflehnt. In diesem Sinne ist die Sozialdoktrin des Alten Testaments den Lehren des Solon besonders nahe. Wenn dieser nämlich den Wert seines eigenen Werkes hervorhebt, einer Gesetzgebung, in der sich Glut und Maß vollkommen ergänzen, dann greift er bezeichnenderweise zum Bild der Erde selbst: »Sie wird mir vor dem Richterstuhl der Gerechtigkeit Zeugnis ablegen, die große Mutter der Olympier, die schwarze Erde, in die ich einst die Grenzen zog und die, ehemals Sklavin, heute frei ist. […] Ich habe ein Gesetz für alle verfasst, für die Elenden und für die Ehrlichen, ein Gesetz, das jedem Recht spricht.« In dieser Redlichkeit begegnen sich die griechischen und die jüdischen Gesetzgeber.

Weder für Athen noch für Jerusalem existiert der unüberwindbare Antagonismus der menschlichen Gerechtigkeit, die sich auf Redlichkeit und Wahrheit stützt, auf Glauben oder Vernunft, und der Gerechtigkeit des Lebens, die auf den materiellen Notwendigkeiten beruht, innerhalb derer sich Individuen und Gruppen entfalten. Der Gerechte, der sich nach allen Seiten hin gegen seine Feinde verteidigen muss, ist weder im Kontext des griechischen noch des jüdischen Denkens innerlich zerrissen. Was die Fruchtbarkeit des Lebens steigert, kann nicht gegen die Gesetze Gottes verstoßen, was die Fruchtbarkeit des Glaubens steigert, nicht gegen diejenigen des Lebens: »Du sollst das Recht nicht beugen und sollst auch die Person nicht ansehen und keine Geschenke nehmen. Denn Geschenke machen die Weisen blind und verdrehen die Sache der Gerechten. Was recht ist, dem sollst du nachjagen, damit du leben und das Land einnehmen kannst, das dir der HERR, dein Gott, geben wird.« [Deuteronomium, 16,19 f.] In der Zerstörung begegnen sich Gerechtigkeit und Leben stets aufs Neue und durchdringen sich gegenseitig in schöpferischer Aneignung. Wenn die Gerechtigkeit sich im Sinne der göttlichen Vorschriften erfüllen wird, dann wird Gott »dir Glück geben zu allen Werken deiner Hände, zu der Frucht deines Leibes, zu den Jungtieren deines Viehs, zum Ertrag deines Ackers, daß dir's zugutekomme. Denn der HERR wird sich wieder über dich freuen, dir zugut, wie er sich über deine Väter gefreut hat, weil du der Stimme des HERRN, deines Gottes, gehorchst und hältst seine Gebote und Rechte, die geschrieben stehen im Buch dieses Gesetzes, wenn du dich bekehrst zu dem HERRN, deinem Gott, von ganzem Herzen und von ganzer Seele« [Deuteronomium. 30,9 f.] Das schuldige Volk, das auf seinen verwüsteten Feldern am Boden liegt, niedergestreckt vom »harten, großen und starken Schwert« [Jesaja, 27,1] des Ewigen, wird dem Glauben an seine Erde, deren »Tote leben werden« [Jesaja, 26,19], niemals entsagen.

Was könnte der griechischen Vorstellungswelt mehr und inniger entsprechen als die Solidarität von Gerechtigkeit und Freude über die aus der Sklaverei befreite Erde? Auch wenn transzendente und immanente Gerechtigkeit nicht immer zusammenfallen – Aufgabe des Gesetzgebers ist es, die Distanz zwischen beiden auf ein Minimum zu beschränken –, so finden sie am Ende doch immer wieder zueinander. Deshalb ist es im Grunde unmöglich, eine von beiden zu verletzen, ohne nicht zugleich auch die andere zu zerstören. »Die Verachtung für das Gesetz«, so Solon, »bedeckt die gesamte Stadt mit Übeln. [...] Wo aber das Gesetz herrscht, schleift es das Raue, lässt die Gewalt absterben, trocknet die Katastrophen aus und verwandelt sie in frische Blüten.« Dieser griechische Eudämonismus ist weniger weit vom biblischen entfernt, als man annehmen möchte, denn beide hegen eine unverbrüchliche Liebe zum Vaterland, in der das Gespür für die Wahrheit und der Wille zur Gerechtigkeit zusammenfließen.

In dem Augenblick, in dem die Distanz am größten erschien, hat das Christentum eine außergewöhnliche Synthese von messianischer Religion und mystischer Philosophie geschaffen. Um deren gesamte Tragweite zu ermessen, müssen wir in den großen jüdischen Poeten, den griechischen Tragikern und Homer das gemeinsame Fundament des griechischen und jüdischen Denkens offenlegen. In Wahrheit gibt es nämlich mehr Affinitäten zwischen dem robusten Pessimismus eines Hesiod und der inspirierenden Bitterkeit des Hosea, zwischen der Rebellion des Theognis und den Anrufungen des Habakuk, dem Klagelied Hiobs und den Totenklagen des Aischylos als zwischen Aristoteles und den Evangelien. Eine vollkommene

Synthese all dieser Elemente wäre weder möglich noch wünschenswert. Worum es geht, ist jene besondere Art und Weise, die Wahrheit auszusprechen, die Gerechtigkeit zu verkünden, Gott zu suchen und dem Menschen die Ehre zu erweisen, die uns die Bibel und Homer lehren, einst wie heute.

Anmerkungen

1 Man vergleiche diese Zeilen des Theogenius mit den Worten des Propheten Habakuk 1,13 f.: »Deine Augen sind rein, daß du Übles nicht sehen magst, und dem Jammer kannst du nicht zusehen. Warum siehst du denn den Räubern zu und schweigst, daß der Gottlose verschlingt den, der frömmer als er ist, und lässest die Menschen gehen wie Fische im Meer, wie Gewürm, das keinen Herrn hat?«

2 Es liegt nahe, die Ursprünge des Jungfrauenkultes auf das prägnante Bild jungfräulicher Mütterlichkeit zurückzuführen, das Homer uns hinterlassen hat.

3 Patroklos ist die einzige Figur in der *Ilias*, deren Persönlichkeit eher schwammig dargestellt wird.

4 So paradox es erscheinen mag, eine vergleichbare Affinität kann man bei Rousseau und einigen Romantikern feststellen, die wiederum Gemeinsamkeiten mit Nietzsches Mystik der Unschuld des Werdens aufweisen.

5 Es ist vielleicht eben diese königliche Demut in Helena und Ödipus, die den Stil der Antiken vom Christentum unterscheidet.

6 Den Sterblichen enger verbunden als den Unsterblichen und dabei göttlicher als die wilden Götter, ja geradezu herausgehoben in seiner stillen Göttlich-

keit, ist der Freund Hektors: der Bewahrer Apollon, der eigentliche Lehrmeister Homers. Er hat Mitleid mit den Menschen, denen die Parzen ein »leidensfähiges Herz« geschenkt haben. Mit dem Rücken zum Schicksal ergreift er seinen silbernen Bogen und zielt, jenseits unserer Katastrophen, in aller Ruhe am schwarzen Himmel auf ein leuchtendes Ziel, dessen Strahlen unsere verschleierten Augen kaum auszuhalten vermögen.

7 An einer der schönsten Stellen der *Ilias* wird der Zorn des Skamandros beschrieben, der sich gegen Achill erhebt. Der mächtige Gott will das Unheil von den Trojanern abwenden und wirft sich mit seiner »trüben, geschwollenen Brandung« [XXI, 240, S. 423] auf den Peliden. Achill flieht, macht einen Satz, klammert sich an den Bäumen am Ufer fest, verliert den Halt und macht einen noch größeren Satz; der Unbeugsame weiß um Schrecken und Beben und um den Hass des Unabwendbaren. Ein Getriebener, Tobender beschwört er Zeus wie ein verängstigtes Kind.

8 Selbstverständlich geht es nicht darum, die Bedeutung des Totenkults herunterzuspielen, der aus den großen religiösen Traditionen entspringt, die in Homer lebendig sind und die in den letzten Episoden der *Ilias* im Fokus des Geschehens stehen. All dies beeinflusst jedoch in keiner Weise die metaphysischen Vorstellungen des Dichters.

9 Man begreift die absolute Dominanz der Figur des Priamos tatsächlich erst nach Beendigung der Lektüre der *Ilias*.

Jean Wahl

Vorwort zur Ilias von Rachel Bespaloff

Rachel Bespaloff bietet uns die Gelegenheit, über die großen Figuren der *Ilias* nachzudenken. In diesen schwierigen Zeiten verwundert es kaum, dass das abendländische Denken sich seinen Ursprüngen, Griechenland und Israel, zuwendet, um über Parallelen und Unterschiede nachzudenken.

Die Welt Homers ist die Welt der Kraft. In diesem Sinne ist es weder ein Zufall noch ein Fehler, dass die Anhänger Heraklits Inspiration bei Homer fanden. Der Krieg ist der Vater aller Dinge. In seiner Dualität ist er selbstverständlich Sohn der einen Dynamik, der ewigen Natur. Diese Kräfte, die einander gegenüberstehen, diese antagonistischen Energien, entspringen ein und derselben Kraft. Für Heraklit hat der Krieg einen einzigen Ursprung, einen *logos*, ein einziges Wort, das unter allen von Widersprüchen zerrissenen Worten liegt. Hektor und Achill – Hektor, die Kraft der Verteidigung, die weiß, wie viel sie zu verlieren hat, und Achill, die Kraft, die sich und die anderen in melancholischer Raserei zerstört – sind unmittelbar aneinandergebunden.

Die Kraft ist antinomisch, und zwar nicht nur in ihren Manifestationen, sondern in ihrer ambivalenten Wesenheit selbst. Der Schönheit von Krieg und Kraft wohnt, ebenso wie der Schönheit Helenas, notwendigerweise das Böse inne.

Ein Kennzeichen der Kraft ist ihre Schicksalhaftigkeit, und wenn es in der griechischen Weisheit heißt: »Nichts im Übermaß«, so nur deshalb, weil »genug« niemals genug ist, und dies betrifft sowohl die Schönheit als auch die Kraft. Die Frage richtet sich hier nicht auf das absolut Gute oder Böse. Und in der Tat entzieht sich die Kraft eindeutiger Qualifizierung. Weder ist es möglich, sie zu verurteilen, noch sie freizusprechen. Jenseits eindeutiger Urteile *ist* sie. Das Leben *ist.*

»Männliche Liebe, männliches Entsetzen über den Krieg.« Die Helden Homers sind weder Kriegstreiber noch Pazifisten. Sie sind Gewalt und zugleich das, was Gewalt erleidet. In der Welt Homers ebenso wie in derjenigen Platons kann der Mensch die Ungerechtigkeit entweder befehlen oder erleiden. Achills Entscheidung gleicht nicht derjenigen des Sokrates. Beide kennen jedoch ihre Entscheidungsmöglichkeiten.

»Nichts im Leben ist schrecklich, da alles schrecklich ist«. Diese Bitterkeit mündet allerdings in Zärtlichkeit, während es normalerweise umgekehrt ist und die Zärtlichkeit in Bitterkeit mündet.

Können wir mit Rachel Bespaloff von einer Schuld des Werdens bei Homer sprechen? Oder sollten wir uns eher an den Gedanken Nietzsches halten, nach dem es eine Unschuld des Werdens gibt? Auch wenn es grausam und zerstörerisch ist, so ist das Werden doch unschuldig.

Im Gegensatz zu Nietzsche erblickt Rachel Bespaloff in Homer weniger den Dichter der Triumphe und Apotheosen denn den Dichter des Unglücks, den Dichter der Schönheit der toten Krieger und des Ruhms der geopferten Helden, kurz all dessen »was längst vom Schicksal besiegt – dennoch nicht aufhört, es weiter herauszufordern und zu überwinden«, da es die Waage nicht gibt »noch Maße oder Gewichte, mit denen das menschliche Leiden gewogen werden könnte.« Die tiefen Kräfte erneuern sich. Die Kraft ist ewig, die Kräfte sind vorübergehend. Ein solches Denken ist weit entfernt von Descartes' Vorstellung eines kreativen Schaffensprozesses und zweifellos ebenso weit entfernt von derjenigen einer schaffenden Evolution. Stattdessen befinden wir uns in einer Welt schaffender Zerstörung und zerstörender Erschaffung.

In den gleichgültigen Augen des Zeus, den anteilnehmenden Augen des Priamos und denen Homers sind Achill und Hektor eine einzige Wesenheit. Der Blick des spielenden Gottes, des tragischen Sehers und des alten Sängers nimmt keinen Unterschied zwischen ihnen wahr. Wie bereits die Schüler des Aristoteles bemerkten, bedarf es stets eines Philosophen, um die Welt zu beobachten. In gewisser Weise sind es die Blicke des Zeus, des Priamos und Homers, welche die unaufhörlichen Kämpfe rechtfertigen. Wenngleich rechtfertigen vielleicht nicht das richtige Wort ist, denn es gibt für sie keine Rechtfertigung, sondern einzig den Übergang in die Ewigkeit, das Aufgehobensein im Gedanken. Es ist der durchdringende Blick des Priamos, der alles bewahrt und es dem Wissen von Hektors Geschlecht hinzufügt. Mitleid ist Erkenntnis. Es gibt Momente, schreibt Rachel Bespaloff, in denen die Worte in einen Abgrund stürzen. Achill hört auf zu existieren. Priamos hört auf zu existieren. Nichts existiert mehr als jene Blicke, die zu einem einzigen werden, um schließlich mit dem Lebensganzen zu verschmelzen: Leben, das sich mit dem Leben verbindet. Erst in diesem Augenblick erkennen die Menschen ihre Gleichheit im Unglück, einem bald verdienten, bald unverdienten Unglück. Die Ordnung des Handelns löst sich in der Ordnung der Betrachtung auf, die weder der platonischen Ordnung des Geistes noch der Pascal'schen des Herzens entspricht, sondern eher den Ordnungskriterien des Lebens im Sinne Tolstois, Hegels oder Nietzsches.

Es war Nietzsche, der gesagt hat, dass die Griechen in einer düsteren Welt leben. Doch aus der Finsternis sieht er zugleich Blüten aus Licht sprießen. Die Jugend ist eine Blüte. Der Genuss ist eine Blüte. Der Gedanke ist ein Licht. Nach Homer haben auch Thukydides, Platon und Aristoteles diesen Humus des Werdens, das Blühen der Formen erkannt und verinnerlicht. Es besteht kein Zweifel daran, dass Platon selbst in zunehmendem Maße die Erfahrung der Blüten als »gewordener Wesenheiten«, als Hervorbringungen der sich in Richtung des Seins bewegenden Generationen gemacht hat.

Homer ist der Dichter des Individuums. Hektor, Helena, Achill sind klar umrissene Formen, die er zunächst dem Schicksal unterwirft, um sie sodann, aufgrund seiner Kunstfertigkeit, darüberzustellen. Sie entspringen dem Werden, »eine Sekunde lang, für immer«, schreibt Rachel Bespaloff.

Dies macht die Poesie jener großartigen, flüchtigen Momente aus, der erhabenen Momente des Individuums. Der Mensch ist Teil der Natur. Skamandros ist ein Gott, und die Götter sind Menschen (bald unter, bald über ihnen stehend), und die Menschen sind Naturkräfte. So vollzieht sich das Spiel zwischen Dingen, Menschen und Göttern, bei dem jedes in das andere eingeht und der Mensch keineswegs von der »Vielfalt der zarten und zärtlichen Dinge« unterschieden ist, und auf diese Art und Weise erstattet Homer allen Dingen ihre erhabene Integrität zurück.

Der Held, so Rachel Bespaloff, verspürt eine unendliche Zärtlichkeit im Angesicht der flüchtigen Dinge, im Angesicht all dessen, das er in der Gegenwart des Todes verwandelt. Was den Göttern fehlt, ist eben jene Endlichkeit, die den Menschen erst zum Menschen macht, die ihn zugleich zerstört und vervollkommnet. Kierkegaard stellt Ästhetik und Ethik einander gegenüber, Nietzsche konfrontiert in der Ästhetik, die für ihn die wahre Ethik darstellt, das Dionysische und das Apollinische, während Schestow das Griechentum, sei es nun dionysischer oder apollinischer Natur, Jerusalem entgegensetzt. Rachel Bespaloff aber sieht in Zion und Griechenland, ebenso wenig wie im Dionysischen und Apollinischen, in Ästhetik und Ethik, Gegensätze. Wo ihre Lehrer eine Scheidung festschreiben, hat sie von ihnen und von Tolstoi gelernt, die Welten zu versöhnen und zusammenzuführen. Um es mit dem Titel ihres Buches *Cheminements et Carrefours* (»Wege und Kreuzungen«) zu sagen, das am Vorabend des Krieges erschien, ist Rachel Bespaloff ihren Weg bis zu einem Punkt gegangen, an dem es keine Kreuzungen mehr gibt.

(1943)

Hermann Broch

Mythos und Altersstil

An einer Stelle ihres Buches *On the Iliad* erklärt Rachel Bespaloff: »It is impossible to speak of an Homeric world or a Tolstoyan world in the sense that one can speak of a Dantesque world, a Balzacian or a Dostoievskian world. Tolstoy's universe, like Homer's, is what our own is from moment to moment. We don't step into it; we are there.« [»Mit einigem Recht kann man von der Welt Dantes, Balzacs oder Dostojewskis sprechen, bei Homer und Tolstoi ist das unmöglich, denn ihr Universum ist in jedem Augenblick ganz und gar das unsere. Es ist nicht notwendig, das Reich der *Ilias* oder das von *Krieg und Frieden* zu betreten, denn wir bewohnen es bereits.«]*

Das ist eine einigermaßen verblüffende Behauptung, und wenn wir deren etwaige Gültigkeit untersuchen, so ist es eine Rechtfertigung vor allen anderen, die sich uns dabei aufdrängt: Homer steht

* In den eckigen Klammern wurde die deutsche Übersetzung des *Ilias*-Essays von Rachel Bespaloff aus dieser Ausgabe angefügt.

an der Schwelle, an welcher Mythos sich zur Dichtung wandelt; Tolstoj an jener, wo Dichtung wieder zu Mythos wird.

Vom Mythos kommend und rückkehrend zum Mythos: die gesamte oder fast die gesamte Geschichte der europäischen Literatur spannt sich zwischen Homer und Tolstoj. Wie sonderbar aber ist diese Entwicklung des menschlichen Ausdrucks, da dieser zu seinem mythischen Ursprung zurückzukehren scheint. Gleicht dies nicht einer späten Heimkehr? Und wenn dem so ist, ist es nicht als Dämmerung vor dem Einbruch der Nacht zu deuten? als jener Bogen, der zur Kindheit zurücksinkt?

Zweifelsohne schließt Mythos gewisse Züge beider Lebensphasen ein, solche der Kindheit (so sehr jenen des primitiven Menschen gleichend) und solche des späten Alters, da der Stil beider Entwicklungsstadien bestrebt ist, vornehmlich Wesentliches und nur Wesentliches auszudrücken, der des ersteren, bevor noch die Sphäre der Subjektivität erschlossen ist, der des letzteren, nachdem diese Sphäre verlassen wurde.

Der »Altersstil« ist nicht immer bloß das Ergebnis der Jahre; er ist eine dem Künstler verliehene Gabe unter anderen Gaben, wiewohl ausreifend mit fortschreitendem Alter, doch oft vorzeitig unter der Ahnung des nahenden Todes seine volle Blüte erlangend, manchmal aber auch reich sich entfaltend, noch bevor Alter und Tod ihre Schatten vorauswerfen: Er ist der Durchstoß zu einer neuen Ausdrucksebene, gleich jener dem greisen Tizian zuteil gewordenen Entdeckung des alldurchdringenden Lichtes, das das Fleischliche des Menschen mit seiner Seele zu einer höheren Einheit zu verschmelzen vermag; oder gleich jener Rembrandt und Goya – beide noch in den besten Mannesjahren stehend – geschenkten Offenbarung einer sozusagen metaphysischen tieferen Oberfläche, die das Sichtbare von Mensch und Ding trägt und trotzdem malerisch gestaltbar ist; oder gleich jenem, der in der *Kunst der Fuge* verkörpert scheint, jener Sammlung von Kompositionen, die Bach im späten Alter diktierte, ohne dabei an ein bestimmtes Instrument zu denken, weil das, was er auszudrücken hatte, unterhalb oder jenseits der erlauschbaren Grenze der Musik lag; oder aber gleich den späten Quartetten Beethovens, in denen dieser – obwohl damals erst knapp fünfzig, aber schon vom nahen Tode gezeichnet – den Weg von der irdischen Musik zu jener der Unendlichkeit fand; oder gleich jenen letzten Niederschriften Goethes, wie beispielsweise den Schlußszenen des *Faust*, in denen die Sprache ihre eigenen Geheimnisse und damit auch gleichzeitig jene des gesamten Seins enthüllt.

Was haben all diese so verschiedenartigen Beispiele gemeinsam? Alle sind durch einen radikalen Umbruch des Stiles ausgezeichnet und nicht etwa bloß durch eine Entfaltung in der ursprünglich eingeschlagenen Richtung; es handelt sich also dabei um eine scharfe stilistische Wendung, die am treffendsten wohl als eine Art »Abstraktionismus« bezeichnet werden kann, in welchem der Ausdruck sich in immer geringerem Maße auf das jeweils gegebene Vokabularium stützt, so daß von diesem letztlich nur wenige Ursymbole verbleiben und der Ausdruck sich in zunehmendem Maße bloß der Syntax bedient: denn darin besteht eben das Wesen des Abstraktionismus – in der zunehmenden Verengung des Vokabulariums und in der Bereicherung der syntaktischen Ausdrucksbeziehungen; so ist in der Mathematik das Vokabularium auf Nichts reduziert, während deren Ausdruckssystem ausschließlich durch die ihr eigene Syntax getragen wird.

In der sehr komplexen Wechselbeziehung zwischen Vokabularium·und Syntax, wie diese vornehmlich in der Kunst zutage tritt, sind die Vokabeln in der Hauptsache das Ergebnis syntaktischer Kombinationen, welche sich zu allgemein gültigen Konventionen verdichtet haben, d. h. also zu Symbolen, die als solche die Geltung naturalistischer Darstellung erlangen. Als Beispiel hierfür brauchen wir uns nur die streng konventionellen Stilisierungen der mittelalterlichen Kunst zu vergegenwärtigen, die damals, wie die zeitgenössischen Schriften bezeugen, durchaus als überzeugend realistische Darstellungen angesehen wurden. Diese Bildung konventionsgültiger Vokabeln, durch die der »Inhalt« eines Kunstwerkes dem Beschauer, Leser oder dem Zuhörer vermittelt wird (bei diesem zugleich die sehr ursprüngliche Freude am Wiedererkennen solchen Inhaltes auslösend), stellt das Grundelement jeglichen Stils dar, da Stil eben in der Errichtung eines spezifischen Konventionssystems für ein bestimmtes Zeitalter in der Geschichte besteht. Selbst die Musik, diese »syntaktischste« aller Kunstformen und daher jene, von der man annehmen könnte, daß sie auch die von Vokabelbildung befreiteste sei, beweist durch die Verschiedenheit ihrer mannigfaltigen Stilrichtungen, daß auch hier der gleiche Prozeß der Umwandlung syntaktischer Beziehungen in ein Vokabularium gültiger Konventionen sich zwingend stets aufs Neue zu wiederholen hat.

Der vom »Altersstil« begnadete, zu diesem aber auch verdammte Künstler ist also jener, der sich nicht länger mit dem von seinem Zeitalter gelieferten Konventionsvokabular zufrieden geben kann. Denn wenn er in seinem Schaffen seiner Zeit, seiner gesamten Zeit gerecht werden will, so kann er nicht innerhalb dieser Zeit bleiben, sondern muß einen Standort außerhalb dieser Zeit beziehen. Dies erscheint ihm oft als ein rein technisches Problem, nämlich dem Problem, das bestehende Vokabularium aufzulösen und aus dessen syntaktischen Wurzeln sein eigenes Vokabularium aufzubauen. Seine Hauptsorge, ja des öfteren seine einzige Sorge ist auf sein handwerkliches, sein kunstwerkliches Können ausgerichtet: Bachs *Kunst der Fuge* war ausschließlich als Übungswerk gedacht; und der japanische Maler Hokusai, der seine höchste Meisterschaft mit ungefähr neunzig Jahren erreichte, hatte dazu nur Folgendes zu sagen: »Nun lerne ich endlich langsam, wie man einen Strich zu ziehen hat.«

Doch wenn auch das Problem des Künstlers im wesentlichen ein technisches scheint, es reicht sein wahres Anliegen desungeachtet weit darüber hinaus – es richtet sich in Wahrheit an die Welt in ihrer Gesamtheit; denn das wahre Kunstwerk, selbst wenn es sich dabei nur um das kürzeste Gedicht handeln sollte, hat stets die Welt in ihrer Totalität zu erfassen, es hat diese zu spiegeln und hat sie gleichzeitig voll aufzuwiegen. Jeder wahre Künstler empfindet dies, aber nur der vom Altersstil begnadete vermag es in seinem Schaffen zu verwirklichen. Alle anderen aber, die, bestochen durch den bereits beifällig anerkannten Reichtum ihres überlieferten Vokabulariums, sich mit diesem begnügen – die Frans Hals oder die Thomas Wolfes vermögen niemals ihr wahres Ziel zu erreichen, so sehr sie ihre Kunstfertigkeit auch weiter vervollkommnen und bis zu beherrschender Virtuosität steigern mögen: die Ganzheit der Welt ist nicht erfaßbar, indem man deren Atome einzelweise einfängt, sondern nur, indem man deren Grundzüge und deren wesentliche – ja, man könnte sagen, deren mathematische – Struktur aufzeigt. Und in der Tat trifft sich hier der Abstraktionismus derart wesenhafter Prinzipien mit dem Abstraktionismus, der den rein handwerklich-technischen Problemen gilt: diese Vereinigung beider ist es, die den Altersstil ausmacht.

Der Künstler, der diesen Gipfel erreicht hat, steht bereits jenseits und über der Kunst. Er erzeugt zwar noch Kunst, aber all die sekundär gegenständlichen Probleme, mit denen sich gemeiniglich die säkulare Kunst zu befassen hat, haben für ihn jegliches Interesse verloren: obwohl in einem höheren Sinne Künstler als alle anderen, gleicht seine Haltung mehr jener des Wissenschaftlers, mit dem er das Anliegen teilt, die Welt als Ganzes zu erfassen, wenngleich sein Abstraktionismus, da er eben stets Künstler verbleibt, nicht jener der Wissenschaft ist, sondern – und das ist sehr bemerkenswert – dem Mythos sehr nahe steht. Eine tiefe Bedeutsamkeit ist dem Umstand eigen, daß die meisten der im Altersstil geschaffenen Werke durch einen mythischen Charakter ausgezeichnet sind und manchmal, wie im Falle von Goethes *Faust*, durch die Fülle der in ihnen enthaltenen Ursymbole tatsächlich zu neuen Mitgliedern im mythischen Pantheon der Menschheit geworden sind.

Sowohl Mythos wie Altersstil werden zu Sigeln des Weltinhaltes, indem sie dessen Struktur in seiner wahren Wesenheit aufzeigen.

»As for myself, I find it difficult to tell all; I am not a God«, so bekennt Homer. Und Rachel Bespaloff merkt hierzu an: Homers Ausdruck der Bescheidenheit hatte sich Tolstoj zu eigen machen können. Keinem dieser beiden erschien es notwendig, alles auszudrücken, um dem Ganzen zum Ausdruck zu verhelfen. Ihnen allein (und zeitweise wohl auch Shakespeare) waren jene kosmischen Ruhepunkte jenseits und über dem Weltgetriebe verliehen, von denen aus die Geschichte in ihrem ständigen Ablauf, unabhängig von allen menschlichen Zielstrebungen, ihre schaffende Un-Schöpfung enthüllt. Und in dieser niemals vollendbaren und stets sich selbst erneuernden Wirklichkeit – der Bildung neuer Vokabularien aus den Wurzeln der Syntax –, darin ruht das Wesentliche des Seins.

Dies erklärt auch den – für uns auf den ersten Anhieb verwunderlichen – Zusammenhang zwischen Mythos und Mathematik. Denn jede wahre Annäherung des Menschen an die Welttotalität kann als ein Ahnen der Unendlichkeit gelten, ohne die es weder in der Mathematik, noch im Mythos, noch auch in der Kunst irgendwelche Art der Erkenntnis gäbe. Rachel Bespaloff stellt dazu fest: »The sense of the true is always a kind of conquest, but first it is a gift.« [»Der Sinn für die Wahrheit ist im Grunde genommen weniger eine Entdeckung denn eine Gabe.«]

Es ist diese dem Begriff der Unendlichkeit kat'exochen innewohnende Erkenntnis der Wahrheit, die den Menschen dazu zwingt, stets neue Erkenntnismodelle seiner Welt zu erstellen. So benützt beispielsweise Marx für sein historisches Modell wirtschaftliche Vokabeln wie Ausbeutung, Kapitalskonzentration, usw.; das Vokabularium der klassischen Physik besteht aus gewissen Begriffssigeln wie Materie, Kraft, Energie, usw.; das psychologische Modell Freuds hantiert mit Vokabeln wie Trieb, verdrängte Wünsche, Zwang und ähnlichem. In all diesen Modellen wird ein Abbild der Wirklichkeit durch die Zusammenfügung von Vokabeln innerhalb eines syntaktischen Zusammenhangssystems gebaut, die dabei gewissen grundlegenden Regeln zu folgen haben. Im mythischen Modell bestehen diese »Vokabeln« aus jenen mannigfachen und kaum erfaßten Kräften, von denen sich der primitive Mensch in seiner Innen- und Außenwelt bedroht und gelenkt fühlt, jene Kräfte, die in seinen Göttern und Helden und in deren Handlungen und Beweggründen Verkörperungen gefunden haben und derart das syntaktische Gerüst dieses ganzen Modells formen und es in Bewegung halten. Das mythische Modell ist sowohl Kosmogonie wie auch Theogonie und wird von einer so unvorstellbar entrückten und abstrakten obersten Macht gelenkt, daß selbst die Götter ihr unterworfen und nur ihre ausführenden Diener sind: diese Macht aber ist das Schicksal. Die Position des Schicksals gegenüber dem mythischen Modell ist genau jene, die die logischen Grundregeln gegenüber dem wissenschaftlichen Weltmodell einnehmen, und es kann daher nicht wundernehmen, daß in der späteren griechischen Philosophie Schicksal und Logos zunehmend die gleiche Bedeutung beigemessen wurde.

In diesem Zusammenhang wird man auch an jenen Kommentar Aristoteles' zu Hesiod gemahnt, in welchem dieser Mythos als eine Art Vorwissenschaft des primitiven Menschen, sozusagen als dessen Mathematik deutete. Denn der Mythos ist die erste Emanation des Logos im menschlichen Geiste und in der menschlichen Sprache, und niemals hätte der Geist oder die Sprache des Menschen den Begriff des Logos hervorbringen können, wenn dieser Begriff nicht schon im Mythos vorgeformt gewesen wäre. Der Mythos ist die Urform jeglicher phänomenologischen Erkenntnis, deren der menschliche Geist fähig ist.

Urform jeglicher menschlichen Erkenntnis, Urform der Wissenschaft, Urform der Kunst – somit ist Mythos zwangsweise auch Urform der Philosophie. Und in der Tat gibt es keine Philosophie, die sich in ihrer Struktur und ihren gedanklichen Modalitäten nicht zu dem Ursprungsbereich des Mythos zurückverfolgen ließe. Rachel Bespaloff zeigt zwar bloß mehr am Rande den Zusammenhang zwischen Platonismus und Mythos auf, doch wenn sie in ihrer zentralen Auseinandersetzung den homerischen metaphysischen Standpunkt als eine Gleichsetzung von Schicksal und Kraft bezeichnet – »In the *Iliad*, force appears as both the supreme reality and supreme illusion of life« [»Aus diesem Grunde erscheint uns die Kraft in der *Ilias* zugleich als äußerste Wirklichkeit und äußerste Illusion der Existenz«] – weist sie stillschweigend darauf hin, daß diese blinde Kraft, als die eigentliche Naturgegebenheit der Natur und deren unverbrüchliche Gesetzgeberin, sich in der metaphysischen Position des Existentialismus wiederfindet. Philosophie besteht in dem ständigen Kampfe gegen die Überreste der mythischen Gedankenwelt und in einem ständigen Ringen, die mythische Struktur in erneuerter Form wiederherzustellen, besteht im Kampfe gegen die überlieferte metaphysische Konvention und im Streben um die Gründung einer neuen Metaphysik, denn die Metaphysik, selber begrenzt durch den Mythos, stellt auch die Begrenzung der Philosophie dar, ohne welche diese nicht bestehen könnte. Die mythische Legende von Jakobs Ringen mit dem Engel, auf daß ihn dieser segne, ist der eigentliche Mythos der Philosophie.

Mythos wird zu Religion, wenn das mythische Wirklichkeitsmodell, das bislang nur erkenntnismäßig erfasst und in gewissen wahrnehmbaren Formen (wie in den Künsten, usw.) zum Ausdruck gelangte, in das Handeln des Menschen übergeht und sein ganzes Verhalten im täglichen Lebensablauf färbt und leitet. Der griechische Staatsbürger, der als Mitglied der *Polis* sich in Verrichtung seiner bürgerlichen Pflichten an den religiösen Feiern und an den Mysterienriten beteiligte, wurde dadurch Bestandteil einer allumfassenden Kosmogonie (und Theogonie), die in ihren Mythen bereits entwurfsweise vorgezeichnet war. Und der Bauer des Mittelalters – wenngleich er des Lesens und Schreibens unkundig war und auch das Latein, das er in seiner Kirche zu hören bekam, nicht verstand – fühlte sich desungeachtet als Teil jenes katholischen Weltalls kraft jener einschließenden Werthierarchie, die diese Welt spiegelte und die die seine war, weil er in ihr lebte. Die Zivilisation einer Epoche ist sein in die Tat umgesetzter Mythos.

Mit anderen Worten: trotz ihrer praktischen Aufgaben enthüllt sich Zivilisation als ein alles umfassender und einordnender Mythos, der seinen Ausdruck in einem bestimmten Vokabularium konventionell anerkannter menschlicher Haltungen und Handlungen findet, die – eben kraft solcher Anerkennung – ein Wertsystem bilden, das in seiner Struktur das Weltbild als solches und in seiner Gesamtheit zu symbolisieren vermag. Die großen Blütezeiten der Kultur, zu denen naturgemäß das Aufblühen deren künstlerischer Stile gehört, sind durchwegs durch die Allgemeingültigkeit ihrer religiösen Wertsysteme gekennzeichnet, diese derart zu »geschlossenen« Systemen stempelnd, d. h. also, Systeme, die keiner Erweiterung mehr fähig sind, sondern nur noch revolutionär zerschlagen und erneuert werden können, um sodann von einem andern Wertsystem abgelöst zu werden.

Wenn Mythos sich durch handelnden Einsatz in Religion wandelt, dann wird die Kunst (zusammen mit allen andern Lebensformen) zwangsweise Dienerin der zentralen Werte dieser Religion, und die Funktion solcher Kunst ist es, diese die Welt symbolisierenden Werte nochmals in neuer Symbolform wiederzugeben, sich derart der ihr sonst auferlegten Aufgabe entledigend, selber ein Totalitätsbild der Welt erstellen zu müssen. Somit wird die Kunst befähigt, sich anderen Aufgaben zuzuwenden, und die bislang im Mythos beschlossene Individualität des Menschen fällt, zusehends befreit, unter die Obhut der Kunst. Der Christusmythos in der Kunst des Mittelalters offenbart sich inmitten einer Landschaft holder Verinnerlichung, mütterlicher Liebe und edler Männlichkeit, eine Landschaft, die zu der ganzen Skala des Empfindungsbereiches des damaligen Menschen wurde. So kam es, daß mit der zunehmenden Aufhebung des Dunkels des frühen Mittelalters auch die starre Größe seines Mythos zusehends vom Liebreiz der Legende umwoben und derart aufgelockert und vermenschlicht wurde, denn es ist vorzugsweise gerade solche Legendenbildung, die dem Mythos Eintritt in das tägliche Leben des Menschen zu verschaffen vermag. Gleichzeitig aber wurde derart auch die Kunst in den Stand versetzt, ihre soziale und erzieherische Rolle voll zu erfüllen. Das den Mythos verkörpernde geschlossene System erreicht also den Gipfel seiner Vermenschlichung und Allgemeingültigkeit in der Phase seiner Legendenbildung, und eben deshalb – wenngleich innerhalb des geschlossenen Systems – vermag auch die Kunst solcher Zeitalter (wie beispielsweise die Gotik des fünfzehnten Jahrhunderts) den Stil dieser Epochen voll darzustellen und gleichzeitig in diesem Stil – obwohl eben bloß stilmäßig – die Totalität dieser Epoche zu erfassen.

Die Legende gestaltet den Mythos nicht nur menschlicher, sondern auch humaner. Doch wenn auch Homer Mythos und Kunst zu verschmelzen wußte, vermeidet er die Annäherung an die Legende und verharrt in seiner spröden Strenge. Nichtsdestoweniger ist sein Werk eines der Humanisierung, die als solche im Mythoskern selber mit dem des Schicksals ansetzt, dem Schicksal also, das er, in der Deutung Rachel Bespaloffs (und übrigens auch laut Simone Weils übereinstimmender Abhandlung), mit Kraft gleichsetzt. Aber diese Kraft, obgleich anthropomorphische Ausstrahlung der menschlichen Natur, ist weit davon entfernt human zu sein, ebensowenig wie das homerische Schicksal human ist. Die Götter, unter dem Bann solchen Schicksals, sind zwar mit menschlichen, nicht aber mit humanen Eigenschaften ausgestattet.

Allerdings geht Homer in der Vermenschlichung seiner Götter andererseits noch einen Schritt weiter: Zwar entblößt er sie nicht ihres abstrakten Charakters und sie bleiben, was sie ursprünglich waren – bloße Bezeichnungen der gigantischen Kräfte, die sie darstellen und die das Weltmodell, zusammen mit dem menschlichen Streben, in Bewegung erhalten –, aber indem er diese den Göttern belassenen unpersönlichen Eigenschaften ins Licht dichterischer Ironie rückt, gelingt es Homer, die Götter in einer sehr persönlichen und nur ihm eigenen Weise in die Sphäre des Menschlichen zu versetzen.

Rachel Bespaloff hat wahrscheinlich als erste jenen ironischen Funken aufgezeigt, der sich am Punkte des Zusammenstoßes zwischen dem Persönlichen und dem Unpersönlichen (also zwischen der Dichtung und dem Mythos) entzündet, cin Funke, in dessem Lichte die Götter – wie Jean Wahl es ausdrückt – »parfois un peu moins, parfois un peu plus que des hommes« zu sein scheinen, so daß sie einerseits selber leidenschaftlich am menschlichen Ringen beteiligt sind, andererseits aber – und dies trifft vor allem für Zeus zu – bloße Beobachter bleiben, stete und fast wissenschaftlich unbeteiligte Beobachter der menschlichen Komödie, einschließlich jener Rollen, die sie selber sich herabließen, in dieser zu übernehmen. Der Mensch zeichnet sich gegen diesen Hintergrund grausamer Unbeteiligtheit ab: »The heroes of the *Iliad* attain their highest lucidity at a point when justice has been utterly crushed and obliterated.« [»Der höchste Bewusstseinsgrad, den die Helden der *Ilias* erreichen können, besteht in der vollkommenen Abwesenheit des Urteilens.«]

Die ständige Gegenwart in der *Ilias* der göttlichen Mitspieler und ihres mythengetränkten Handelns, das ständige Bewußtsein ihrer Entrücktheit und ihrer ironischen Betrachtungsweise verweisen die irdischen Probleme des Menschen, obwohl stets im Mythos potentiell mitklingend, auf eine rein ephemere und – auch hier – fast abstrakte Rolle, so daß diese, obwohl nie gänzlich verloren, sozusagen nur am Rande des Epos angesiedelt ist, überschattet vom furchteinflößenden Schicksal des Menschen und seiner schicksalhaft unausweichlichen Wirklichkeit, die er, eingekettet zwischen seinem Lebensverlangen und seiner Todesgewißheit, schmerzlich zu erdulden gezwungen ist. Selbst das erotische Element ist an diese Peripherie verwiesen, denn wie dazu Rachel Bespaloff vermerkt, »Helen walks across the *Iliad* like a penitent; misfortune and beauty are consummated in her and lend majesty to her step.« [»Als Büßerin durchwandert Helena, in lange weiße Schleier gehüllt, die *Ilias* mit einer Majestät, die ihr die Vollkommenheit ihres Unglücks und ihrer Schönheit verleiht.«]

Hierin aber gründet der »große Stil« der Klassiker, der, obwohl stets dem Zentralwert des Mythos entsprießend, niemals des aufhellenden Funkens der Ironie verlustig geht. Und in diesem Zusammenhang zitiert Rachel Bespaloff folgenden Aphorismus Nietzsches:

»Um Klassiker zu sein, muß man alle starken, anscheinend widerspruchsvollen Gaben und Begierden haben: aber so, daß sie miteinander unter einem Joche gehen.«

Der »große Stil« der christlichen Kultur hat

seine Verwirklichung im Zeitalter der Vor-Renaissance gefunden, zu jener Zeit also, da die Mystiker den Weg für die protestantische Revolution ebneten.

Die protestantische Revolution richtete sich gegen die hierarchische Auffassung des Mythos. Der christliche Mensch handelte zwar damals noch innerhalb des Rahmens dieses Mythos, war sich aber bereits bewußt geworden, daß dieser von ihm zu verkörpernde Mythos seinem eigenen Geiste entsprungen war, eine Schöpfung also, die Gott durch einen unmittelbaren Gnadenakt in seine Seele versenkt hatte. Mit dieser Entdeckung war es dem Menschen möglich geworden, die überlieferte Hierarchie außerhalb seiner selbst zu verleugnen und mit dem Aufbau seines persönlichen Weltbildes innerhalb seines Ichs zu beginnen.

Mit dieser grundlegenden Veränderung des Blickwinkels erlangte der Mensch als Individuum eine völlig neue Geltung, denn während er als solcher bislang darauf beschränkt gewesen war, dem Mythos als bloße Illustration – wie in der Legende also – zu dienen, sah er sich nun von der Peripherie losgelöst und statt dessen in jenen zentralen Platz des Systems eingesetzt, von dem aus er daran gehen konnte, eine humanistische Welt um den von ihm selber gebildeten Mittelpunkt aufzubauen.

Dies aber setzt das ganze Phänomen des »großen Stils« in ein neues Licht: der große Stil tritt dann in Erscheinung, wenn die Schale des geschlossenen Systems daran ist aufzubrechen, um ein neues System hervorzubringen, also in einem Augenblick, da das alte System in all seinen Formen noch genügend gefestigt ist und soviel Sicherheit zu geben vermag, daß der Mythos zwar nach wie vor mit der Gültigkeit der Gewißheit erfüllt ist, das neue System aber, von Hoffnung getragen und nach Offenheit strebend, seine ihm eigene neue Form zu schaffen gezwungen ist – und zwar eben im »großen Stil«. Dies wird anschaulich bei Michelangelo, im griechischen Zyklus des Aischylos oder auch in den Bildwerken Olympias, in Kunstwerken also, die – wie Rachel Bespaloff es ausdrückt – mit Homer seine nüchterne Strenge gemeinsam haben.

Der »große Stil« ist zugleich Sicherheit und Revolution, und er kann nur so lange bestehen, als die ihm innewohnende revolutionäre Tendenz noch lebendig glüht, dazu verdammt, schließlich in einem System zu erstarren, das ebenso geschlossen ist wie jenes, dem er entsprossen.

Auch das protestantische Zeitalter und sein protestantisches Weltbild hatten ihren »großen Stil«, ja sogar einen der größten in der ganzen Geschichte der Menschheit, und zwar in der flämischen Schule der Malerei, in Bach und seinen Vorgängern in der Musik, in Milton in der Dichtung und schließlich in Kant in der Philosophie, bei welchem letzteren wir allerdings weniger einen Stil als die Errichtung einer protestantischen Scholastik erkennen. Doch auch hier, ebenso wie im vorhergehenden Falle, kündete der »große Stil« bereits das Ende seiner Epoche an, da das nunmehr zur Geschlossenheit erstarrte System des Protestantismus durch einen neuerlichen revolutionären Akt aufs neue geöffnet werden mußte.

Und dies bestätigte vollauf die ahnende Vorhersage des Katholizismus: in den Augen der Kirche war der protestantische Aufstand der erste Schritt in der Auflösung der christlichen Einheit des Abendlandes, der erste Schritt in der heretischen Säkularisierung des menschlichen Geistes gewesen; und so war es auch. In einem unwiderruflichen Auflösungsprozeß, der vom achtzehnten bis zum zwanzigsten Jahrhundert währte, verlor die westliche Gedankenstruktur ihren christlichen Mittelpunkt.

Diese hundertfünfzig Jahre des Zerfalls haben im Menschen eine ganz bestimmte Einstellung bewirkt, die man als Romantik bezeichnet. Solange ein Wertsystem lebendig wirkt und sein Weltbild unversehrt besteht, ist der Mensch imstande, seine individuellen Probleme innerhalb dieses überlieferten Rahmens zu lösen, aber in Zeiten des Wertzerfalls können derartige Lösungen nur erzielt werden, wenn der Mensch sein Weltbild in jedem und für jeden bestimmten Fall selber neu gestaltet. Es ist diese bindende Notwendigkeit, die Welttotalität für jeden Einzelfall und individuell für jeden Einzelmenschen neu zu erstellen, die als der wesentliche Grundzug der Romantik gelten kann, und es versteht sich, daß diese romantische Weltanschauung niemals zur Wirklichkeit hatte gelangen können, ohne die Vorbereitung des Protestantismus, laut dessen Glaubenssätzen die menschliche Seele in unmittelbarer Verbindung mit Gott und dessen Schöpfung steht.

Das Dogma des Protestantismus verleiht der menschlichen Seele eine weitaus größere Autonomie als jene, die ihr vom Katholizismus zugestanden wird, und in der Romantik erlangte diese Autonomie absoluten Charakter. Dies ist auch der Grund, warum die romantische Kunst, selbst wenn sie das Werk eines großen Künstlers ist, sich niemals zum »großen Stil« aufzuschwingen vermag, denn dieser setzt stets die Gültigkeit eines allgemein anerkannten Mythos voraus, während jedes nur einem Einzelfall entsprechende Weltbild in seiner Gültigkeit durch das Ausmaß der autonomen Seele seines Schöpfers begrenzt ist, selbst wenn es von einer gewissen Anzahl von Personen anerkannt werden mag, so daß seine allgemeine und erst recht seine absolute Gültigkeit stets in Frage bleiben muß. Behaftet mit dem Makel dieser letztlichen Unsicherheit, flüchtet der romantische Künstler in die für ihn typische Haltung der Sehnsucht, und zwar vornehmlich der Sehnsucht nach der religiösen Einheitlichkeit vergangener Zeiten. In dem Wunsche, seine Probleme einer absoluten Lösung zuzuführen, und in der Erkenntnis, daß es der Protestantismus ist, der weitgehend für seine gefährdete Lage verantwortlich zeichnet, sucht der Romantiker den Weg zurück zum Katholizismus und in die Obhut der Kirche.

Jeder wahre Künstler ist, unter dem Zwange sein eigenes Weltbild zu schaffen, in gewissem Sinne ein Rebell, bereit, das geschlossene System, in das er hineingeboren wurde, zu zerschlagen, wobei er aber gleichzeitig erkennen muß, daß solch revolutionäre Tat allein nicht genügt und er auch gleichzeitig verhalten ist, das wesentliche Gerüst dieser Welttotalität neu zu liefern. Gerade das aber wird durch den Altersstil verwirklicht, der – revolutionär kraft seiner Abstraktheit – eine Bewußtseinsebene erreicht, welche man nur als überreligiös bezeichnen kann. Auf dieser erhabenen Höhe steht Bach in seinen späten Werken, ebenso wie Goethe und Beethoven, obgleich diese beiden, wirkend in einem Zeitalter, da das religiöse Wertsystem bereits zersplittert worden war, die Abstraktheit auf dem Umwege der Romantik erreichen mußten.

Gerade durch diese Weiterentwicklung von der Romantik zur Abstraktheit aber wurden diese beiden im wahrsten Sinne zu Vorläufern; und Tolstoj war dies in nicht geringerem, sondern sogar radikalerem Maße. *Krieg und Frieden*, obwohl sicherlich nicht als Alterswerk anzusprechen, hat die Romantik bereits eindeutig hinter sich gelassen, den Altersstil vorwegnehmend in einem neuen, abstrakten Totalitätsmodell – ein Weltbild, das Rachel Bespaloff sehr klarsichtig als homerisch identifiziert hat.

Die Radikalität Tolstojs begnügte sich aber nicht mit einer künstlerischen Erfassung des Mythos, sondern erstrebte im Gegensatz zu Goethe und Beethoven, die trotz ihrer menschlichen Größe in erster Linie Künstler waren, eine höhere Totalität, die in nichts Geringerem als der Erstellung einer völlig abstrakten Theogonie bestand. Denn jener Altersstil, der Tolstoj schließlich zu eigen wurde, setzte sich ein Ziel, das vom homerischen abwich und jenem des Hesiod und Solon näher stand, da es in der völligen Verschmelzung von Mythos und Kunst gipfelte: mit einem Eifer, der dem des Savonarola glich, trachtete Tolstoj nach radikal letztgültigen Erkenntnissen und entsagte folgerichtig und letztlich jeglicher Kunst, um seine eigene ethische Welttotalität zu errichten.

Im Falle von Beethoven und Goethe war es nicht nur deren persönliches Genie (wie dies bei Bach der Fall war), das sie zur Entwicklung eines neuen Stils zwang, sondern es wurde ihnen dies auch durch ihr Zeitalter auferlegt, in welchem die Vernichtung der geschlossenen Werte, die dieses auszeichneten, begonnen hatte. Und die Wahrscheinlichkeit ist groß, daß Homer selber ebenfalls unter einem ähnlichen Befehl seiner eigenen Epoche stand. Denn wir wissen, daß die Zivilisation Kretas eine späte und eine hohe Reife war; die geometrischen Vasen aus deren Frühzeit deuten auf ein geschlossenes System, das religiöser Natur war – also auf eine mittelalterlich anmutende Werthierarchie. Aber der »Safranpflücker« des 18. Jahrhunderts v. Chr. zeigt bereits in seinem Stil die naturalistisch gelockerte Kultur einer reifenden Epoche an, die durch die Emanzipierung der menschlichen Persönlichkeit gekennzeichnet war und der unmittelbar das Zeitalter des Prunkpalastes von Knossos folgte, zeitlich zusammenfallend mit dem romantischen Mystizismus des Ägypters Echnaton. Der ganze östliche Mittelmeerraum war durch ein Netz blühenden Handels und Gewerbes verknüpft; es war eine Zeit, die in ihrer ästhetischen Differenziertheit, in ihrer Weltgeöffnetheit und in ihren persönlichen Problemstellungen der späteren Epoche des römischen Verfalls in keiner Weise nachstand. Die späte minoische Kunst überliefert uns Darstellungen von verfeinert modischen Gestalten, die einer hochentwickelten höfischen Zivilisation angehören – war der trojanische Paris nicht einer von diesen? –, und trägt all die unmissverständlichen Merkmale eines romantischen Zeitalters, in dem sich bereits die ersten Anzeichen des nahenden Endes bemerkbar machen.

Die Tragik dieser Situation wurde mit dem Ansturm der Achäer offenbar. Wenn die *Ilias* in ihrem Ursprung auch grundsätzlich kretisch sein mag, so war es doch dieser gefürchtete Zusammenstoß, der ihr ihre mythische Gestalt verlieh. Es entspricht spezifisch dem mythischen Stil, daß die beiden

Träger des Alten und Neuen, Paris und Hektor, der eine ein Lebejüngling, der andere ein idealistischer Patriot, im Epos als gleichaltrige Brüder dargestellt werden. Hektor, »man and among men a prince« [»Mensch und ein Prinz unter den Menschen«], steht unter dem Eindruck der apokalyptischen Stimmung seiner Epoche und setzt sich daher gefühlsmäßig für die friedlichen Errungenschaften einer Zivilisation ein, für die er bereit ist zu kämpfen und zu sterben. Wie später auch bei Tolstoj, verlieren die persönlichen Probleme an Bedeutung, und auf dem zunehmend deutlicher sich abzeichnenden Hintergrund des neuen Mythos besteht die Rolle des Menschen nur mehr in schmerzvoller und trauernder Duldung, nüchtern und unromantisch, doch von jener Größe, die dem Schicksal selber eignet.

Es scheint nicht wahrscheinlich, daß Homer Kreter war; die Anlegung des Epos ist achäisch: die von ihm ausgelöste Erschütterung gleicht jener, die den ersten griechischen Bildwerken zu eigen ist, Bildwerke, die gänzlich verschieden sind von der späteren kretischen Epoche. Nichtsdestoweniger ist das Gedicht undenkbar ohne kretischen Einfluß: wären seine Quellen rein griechischen Ursprungs gewesen, es wäre sein Jubel über den griechischen Sieg ein wesentlich uneingeschränkterer; nur der kretische Einfluß macht Homers Unparteilichkeit völlig glaubhaft, eine Unparteilichkeit, die seinen Beifall für die siegreichen Griechen mäßigt und ihn ausgleicht durch seine den Trojanern geltende Wehklage: »Call him Achilles or Hector, the conqueror is like all conquerors, and the conquered like all the conquered.« [»Hektor oder Achill – der Sieger gleicht allen Siegern, der Verlierer allen Verlierern.«]

Darüber hinaus aber ist diese Unparteilichkeit nicht nur eine ästhetische Notwendigkeit seitens der Götter (deren Unparteilichkeit nichts mit Gerechtigkeit zu tun hat) oder seitens des Dichters selber, sondern und vor allem auch eine seitens der Rollenträger des Epos. In einer der eindrucksvollsten Stellen des Buches kommentiert Rachel Bespaloff jene Zusammenkunft zwischen Priamus und Achilles, in welcher diese, in dem plötzlichen Erkennen ihrer beidseitigen Schönheit, einen Augenblick tiefer Verbundenheit erleben. Wobei man nie vergessen darf, daß es eben Schönheit war, die Schönheit Helenas, die diesen ganzen schicksalhaften Widerstreit entfacht hatte.

Diese Verherrlichung des Schönen, die ohne Zweifel kretischen Ursprungs ist, erfaßte die barbarischen Griechen, obwohl sie ihnen ursprünglich völlig fremd war, in geradezu wundersamer Weise: in ihren Händen wurde daraus in verblüffend kurzer Zeit eine neue hellenische Stilform. Aus den zerbrochenen Fragmenten der kretischen Welt erstand jener dichterische Mythos, der zur Religion und zur Lebenshaltung der ganzen hellenischen Welt wurde.

Ungeachtet des Umstandes, ob Homer tatsächlich gelebt hat oder nicht, er wird uns in der Überlieferung als sehr alter Greis geschildert, blind wie Milton, blind wie Bach, blind wie das Schicksal; der Altersstil, in all dessen Größe, in dessen kühler Objektivität und in all dessen abstrakter Hellsichtigkeit, ist seinem Werk in so einmaliger Weise zu eigen, daß man dessen Schöpfer zwingend nur in dieser Form beschreiben konnte. Er selber wurde zum Mythos, und da hinter fast jedem Mythos ein Stück geschichtlicher Wirklichkeit steht, erübrigt sich die Frage, ob Homer wirklich gelebt hat, da wir in ihm einfach den mythischen Greis, die stets gültige Verkörperung einer Epoche zu sehen haben, die nach der Wiedergeburt des Mythos verlangt.

In gewissem Sinne ist es blasphemisch, unser Zeitalter mit jenem der homerischen Epen zu vergleichen, blasphemisch deshalb, weil die verbrecherische Anmaßung der Nationalsozialisten darin bestand, sich als neue Achäer zu gebärden, die eine alte Zivilisation zu vernichten haben. Es ist jedoch nicht notwendig, Hitler mit Achilles gleichzusetzen, wenn wir die Krise der mykenischen Kultur mit der unsrigen vergleichen.

Wir müssen hier nicht nochmals eigens unterstreichen, daß durch den Verlust eines Zentralwertes unsere heutige Welt, zumindest aber der Westen (obwohl der Osten sicherlich davon nicht unberührt geblieben ist) in einen Zustand des völligen Wertzerfalls getreten ist, ein Zustand, in welchem jeder Einzelwert im Kampfe mit jedem andern Einzelwert steht und jeder bestrebt ist, die anderen allesamt zu beherrschen. Die apokalyptischen Ereignisse der letzten Jahrzehnte sind nichts anderes als die unvermeidliche Folge solchen Zerfalls.

Gleichzeitig mit dieser Entwicklung steigerte sich ununterbrochen das Unbehagen an der Romantik, da diese in ihrem Suchen nach Gültigkeit innerhalb einer empirischen Welt sich nur mit den empirischen Wissenschaften verbünden konnte (solcherart die Welt nur noch weiter in fragmentarische Wissenszweige zersplitternd) und derart, mangels Erreichung dieses Zieles, nur zusehends verzweifelter in dieser Suche wurde. Und ebenso gleichzeitig wurde die Kunst, im immer rascher werdenden Ablauf der einander folgenden impressionistischen Schulen, in ihren Methoden zuerst naturalistisch, dann veristisch und dann wissenschaftlich, bis sie schließlich, an sich und der Ausdrucksmöglichkeit überhaupt verzweifelnd, sich zum Expressionismus wandelte. Wenn sie in all diesen Formen tatsächlich unsere Wirklichkeit wiederzugeben weiß, so tut sie es nur insoweit als sie selber Anarchie ist, die Anarchie spiegelt.

So ist es nur natürlich, daß dies alles zu einem tiefen Abscheu vor dieser Art von Kunst, ja vor jeglicher Kunst führte. Dieser Abscheu wird zwar weder vom breiten Publikum empfunden, das – wenngleich oft gelangweilt – das konsumiert, was man ihm vorsetzt, noch vom Pseudo-Künstler, der Erfolg als Beweis seines Könnens anzusehen bereit ist, er wird jedoch dem wahren Künstler bewußt und all jenen, die das unverbrüchliche Wissen teilen, daß Kunst, die die Totalität der Welt nicht abzubilden im Stande ist, keine Kunst ist. Wenn Kunst weiter bestehen kann und soll, so hat sie die Aufgabe, nach dem Wesentlichen zu streben und derart ein Gegengewicht für das unsägliche Unheil in der Welt darzustellen. Indem sie aber der Kunst diese Aufgabe stellt, ruft diese Epoche des Zerfalls die Kunst gleichzeitig auch zur Erlangung des Altersstils auf, des Stils des Wesentlichen und der unbedingten Abstraktheit.

Die französischen Maler der Jahrhundertwende waren die ersten, die – bezeichnenderweise von rein technischen Überlegungen geleitet – erkannten, daß das ganze naturalistische, und zwar zwingenderweise nur naturalistische Vokabularium der Malerei überholt war und daß sie deshalb angehalten waren, zu Wesentlicherem vorzustoßen, selbst auf die Gefahr hin, derart in Abstraktheit zu verfallen. Der wahre Maler verlor zusehends Interesse an der zufällig und individuell gegebenen Erscheinung, und sein Ziel war nicht länger die tunlichst naturgetreue Wiedergabe der lächelnden Frau X. (ungeachtet des Umstandes, ob ihm diese Wiedergabe vielleicht gelingen mochte), sondern die Erfassung der inneren Wesenheit dieses Lächelns. Diese Suche gipfelte, nach einer sich stets steigernden

Verfeinerung der Maltechniken, in den ersten Versuchen der ungegenständlichen, also der abstrakten Malerei.

Die Entwicklung Picassos kann als paradigmatisch für diesen ganzen Prozeß angesehen werden, dies umsomehr, als er in einer seiner Schöpfungen den ersten und wahrscheinlich auch damit bereits vollgültigen Ausdruck unserer Zeit zu schaffen wußte; dieses Werk ist sein *Guernica*, ein so abstraktes Bild, daß es auf Farbe verzichten konnte und dem Beschauer nur die Essenz von Schmerz, Trauer und Abscheu vermittelt, in dieser absoluten Beschränkung aber auch gleichzeitig den aufwühlendsten Aufruf gegen das Böse überhaupt darstellt.

Vom rein technischen Gesichtspunkt aus gesehen, hat sich die abstrakte Kunst ganz allgemein mit Problemen zu befassen, die jenen der Musik eng verwandt sind, denn die Musik ist die abstrakte Kunst *par excellence*. Je mehr sich die Künste in der Richtung der Abstraktheit bewegen, desto mehr nähern sie sich jenen theoretischen Zusammenhängen, die sie untereinander verbinden: Die Verbindung zwischen Musik und Malerei ist heute stärker und augenfälliger als je zuvor. Dies aber gilt selbst für die Dichtung und die Literatur, denn das Werk Joyces erlangt beispielsweise seine künstlerische Gültigkeit weitgehend durch jene musikalischen Elemente und Prinzipien, die in seinem Aufbau Verwendung fanden.

Die auffallenden Berührungspunkte zwischen den Künsten durch den ihnen allen gemeinsamen Abstraktionismus und dem ihnen dadurch gemeinsamen Altersstil, können wohl überhaupt als das Prägezeichen unserer Epoche angesprochen werden, liefern aber auch gleichzeitig die Erklärung für die innere Verbundenheit von so verschiedenen Künstlern wie Picasso, Strawinskij und Joyce, deren Verwandtschaft nicht nur an sich, sondern vor allem durch die ihr innewohnende Parallelentwicklung bemerkenswert ist, infolge welcher diesen Künstlern der Altersstil schon in verhältnismäßig jungen Jahren geradezu aufgezwungen worden war.

Desungeachtet vermag Abstraktionismus kein »Gesamtkunstwerk« – jenes Ideal der späten Romantiker – zu schaffen, sondern es bleiben die Künste trotz allem voneinander geschieden. So kann besonders die Literatur nie völlig abstrakt und »musikalisiert« werden, so daß hier der Altersstil wesentlich stärker von einer anderen für unsere Epoche paradigmatischen Haltung getragen wird, nämlich von deren Tendenz zur Mythenbildung. Es ist ungemein bedeutsam, daß Joyce sich veranlaßt sah, in seinem *Ulysses* auf die *Odyssee* zurückzugreifen. Und obwohl diese Rückkehr zum Mythos – schon bei Wagner vorweggenommen – nirgend anderswo so kunstvoll herausgearbeitet wurde wie im Joyceschen Werk, ist sie doch als eine in der Literatur der Gegenwart ganz allgemein hervortretende Haltung zu werten: die Wiederbelebung biblischer Themen, wie zum Beispiel in den Romanen Thomas Manns, ist schlagender Beweis der ungestümen Stärke, mit der sich der Mythos heute in der Dichtung wieder zu Wort meldet. Dies aber ist eben bloß Rückkehr – Rückkehr zum Mythos in seinen alten Formen (selbst wenn diese so modernisiert werden wie bei Joyce) und stellt vorderhand noch keinen wirklich neuen Mythos dar, keinesfalls *den* neuen Mythos. Und doch dürfen wir annehmen, daß eine erste Verkörperung dieses neuen Mythos bereits verwirklicht wurde, und zwar in den Schriften Franz Kafkas.

Bei Joyce sind noch neo-romantische Züge feststellbar, ein auf die komplexen Verwicklungen der menschlichen Seele gerichtetes Interesse, das direkt aus der Literatur des neunzehnten Jahrhunderts, von Stendhal und selbst von Ibsen abzuleiten ist. Das alles trifft für Kafka nicht zu. Hier hat das persönliche Problem aufgehört zu existieren und das, was noch als persönliches Anliegen erscheinen mag, wird im gleichen Augenblick, da es zum Ausdruck kommt, in einer überpersönlichen Atmosphäre aufgelöst. Wir sehen uns unmittelbar in Gegenwart der Prophetie des Mythos, die – wie jedes wahre Prophetentum – ethischen Charakter trägt: denn was bedeuten heute noch die alten Problemstellungen der Literatur, jene der Liebe, der Ehe, des Betrugs und der Eifersucht, da Mord und Vergewaltigung, Elend und Erniedrigung den Menschen in jedem Augenblick seiner Existenz bedrohen und nichts verbleibt als Schmerz und Trauer? Und welcher Maler könnte heute noch vom Beschauer erwarten, daß er sich unter den Bäumen seiner idyllischen Landschaft gemächlich dem Kunstgenuß hingebe, da die Landschaften der Welt nur solche der Flucht und Verfolgung sind? Der Abstraktionismus griff die menschlichen Privatprobleme von der technischen Seite an und tilgte sie aus dem Bereich der Künste ob ihrer Unzulänglichkeit; bei Kafka erweist es sich, daß sie auch jeglicher ethischen Gültigkeit verlustig geworden sind: private Probleme sind ebenso abstoßend geworden wie gemeine Verbrechen. Und damit wurde das endgültig verdammende Urteil über die Romantik gefällt, über jeglichen unmittelbaren Zusammenhang zwischen dem individuellen Einzelfall und dem Weltganzen, zwischen dem zufällig vereinzelten Umstand und dem Allgemeinbegriff, also jenen Zusammenhängen, denen die romantische Auffassung übergroße Bedeutung beigemessen hatte.

So nahe verwandt dieser Standpunkt auch den französischen Existentialisten sein mag, es ist Kafka trotzdem diesen nicht zuzurechnen, und seine Abscheu vor dem Privatproblem, vornehmlich wenn dieses in der Kunst auftritt, ist nicht mit deren »nausée« gleichzusetzen, obwohl er mit ihnen die Einsicht teilt, daß die unverbrüchliche Einsamkeit, die jeglicher Einzelbegebenheit eignet, auch jede Art von Kunst zur Nicht-Existenz verurteilen muß. Denn die Existentialisten verbleiben innerhalb der Sphäre der literarischen Traditionen, auch wenn diese Traditionen nicht mehr um ihrer selbst willen, sondern bloß als Parabel – wie in den existentialistischen Romanen, und da manchmal fast der Legende gleichend – und zur Illustration und Konkretisierung ihrer philosophischen Theorien Verwendung finden. Kafka aber bewegt sich in der diametral entgegengesetzten Richtung, nämlich in jener der Abstraktheit statt in jener der Konkretisierung – und zwar in einer untheoretischen Abstraktheit, die ihm lediglich durch ethische Erfordernisse auferlegt wurde – und übersteigt damit die Grenzen der Literatur. Er ist an dem Punkt des Entweder-Oder angelangt: entweder vermag Dichtung zum Mythos vorzustoßen, oder sie hat ihren Bankrott zu erklären. Kafka, in der ahnenden Erfassung einer neuen Kosmogonie, der Ahnung jener neuen Theogonie, deren Erstellung ihm aufgetragen war, im Ringen mit seiner Liebe zur Literatur und seinem Abscheu vor dem Literarischen, verzweifelnd an der schließlichen Untauglichkeit jeglichen künstlerischen Bemühens, kam letztlich zu dem Entschluß (gleichwie Tolstoj, der sich vor die gleiche Entscheidung gestellt sah) sich aus der Literatur zurückzuziehen, und folgerichtig ordnete er letztwillig die Vernichtung seines Werkes an, kompromißlos im Bewußtsein eben jener kommenden Welttotalität, deren mythische Vorschau ihm verliehen worden war.

Der Mensch als solcher ist das Problem unserer Zeit; die menschlichen Probleme aber verschwinden, ja sie sind schier unerlaubt, moralisch unerlaubt geworden. Die persönlichen Belange des Individuums sind Anlaß des Gelächters der Götter, und die Götter haben recht in ihrer Mitleidslosigkeit. Der Einzelmensch ist zum Nichts herabgesunken, aber die Menschheit als Ganzes vermag den Göttern und selbst dem Schicksal die Stirn zu bieten.

Dies ist die im homerischen Mythos enthaltene Dynamik, und als ein Phänomen weittragendster Bedeutung scheint es spontan in allen Sparten der Kunst unserer Zeit auf. Es gleicht darin einem Vorentwurf jenes neuen Mythos, der zukünftig im religiösen Mittelpunkt des Wertsystems der Menschheit zu stehen kommen mag. Kunst allein auf sich gestellt, vermag diesen neuen Mythos nicht zu schaffen, aber sie ist richtungweisend, da sie Ausdruck der menschlichen Bestrebungen ist.

Hitler gedachte, den neuen Mythos einzusetzen, indem er die Äußerung des Individuums und seiner menschlichen Probleme unter Verbot setzte. Sein Mythos war Pseudo-Mythos, mußte es sein, denn der wahre Mythos ist im Problem der menschlichen Existenz, im Problem des Menschen als solchem beschlossen. Wenn es aber einen Gott zu geben hat, dann muß ihm letztlich auch der Teufel dienen, und es mag sein, daß es gerade der Nazi-Terror war, der die Menschheit zur Bereitschaft für jene Theogonie der Ethik ausreifen ließ, in der der neue Mythos wird erstehen können: wenn dem so sein sollte, so wird das Schicksal wieder vermenschlicht werden, ja man mag darüber hinaus erwarten, daß es dann nicht nur menschlich wie Homers Begriff der Kraft, sondern wahrhaft human werden wird, insoweit es im Gleichklang mit der christlichen Tradition des Abendlandes zu stehen vermag. Homers »Kraft« hatte im Verlauf der Zeiten der Gerechtigkeit Jehovahs zu weichen, und Jehovahs Gerechtigkeit wurde durch die Liebe der Christuslehre abgelöst: »Through cruelty force confesses its powerlessness to achieve omnipotence.« [»An seiner Grausamkeit wird die Ohnmacht der Kraft deutlich: Sie ist nicht allmächtig.«]

Rachel Bespaloffs Absicht ist es offenkundig, diese Entsprechungen zu belegen, indem sie die zwischen der homerischen und biblischen Prophetie bestehenden Zusammenhänge aufzeigt, gleichzeitig dadurch das Epos Homers mit einer neuen Bedeutung für unsere Zeit – einer mehr Kierkegaardschen als existentialistischen Bedeutung – ausstattend. Es ist weitgehend unter diesem Gesichtswinkel, daß ihr Werk berechtigt ist, Anspruch auf wesentliche Bedeutung zu erheben; und wäre dies selbst der einzige Anspruch, er würde vollauf genügen.

(1947)

Aus dem Englischen von
H. F. Broch de Rothermann

Stefanie Golisch

Archäologie eines Mythos

Nachwort

> Es ist nicht notwendig, das Reich der *Ilias* oder das von *Krieg und Frieden* zu betreten, denn wir bewohnen es bereits.
>
> *Rachel Bespaloff*

Lebenslinien

Die Musikerin und Philosophin Rachel Bespaloff wurde 1895 in Bulgarien als Tochter einer gut situierten jüdischen Familie geboren, die ursprünglich aus der Ukraine stammte: Der Vater, Daniel Pasmanik, war Arzt und führendes Mitglied einer großen zionistischen Organisation; die Mutter, Debora Perlmutter, hatte einen Doktortitel in Philosophie. Ihre ersten Lebensjahre verbrachte Rachel in Kiew, im Jahre 1897 verlegte die Familie ihren Wohnsitz nach Genf. Dort studierte sie bei Ernest Bloch (1880–1959), einem Komponisten, dessen Werk stark von der traditionellen jüdischen Musik beeinflusst war. 1914 erwarb sie ihr Diplom als Konzertpianistin und ging im Alter von zwanzig Jahren nach Paris, um an der dortigen Oper Musik zu unterrichten. 1922 heiratete sie den jüdischen Unternehmer Shraga Nissim Bespaloff, einen Geschäftspartner ihres Vaters; 1927 wurde die gemeinsame Tochter Naomi geboren.[1]

Den Konventionen ihres sozialen Milieus gehorchend, verzichtete die begabte junge Frau zugunsten ihrer neuen Rolle als Ehefrau und Mutter auf eine vielversprechende musikalische Laufbahn,[2] ging jedoch weiterhin ihren Studien nach, wobei sich ihr Interesse zunehmend auch auf andere Wissensgebiete verlagerte.

Ihr philosophisches »Erweckungserlebnis« erfuhr sie im Jahre 1925 in der Begegnung mit den Lehren des ukrainisch-jüdischen Denkers Leo Schestow (1866–1938), eines frühen Vertreters des Existenzialismus, dessen charismatische Persönlichkeit ihn zum Mittelpunkt eines exklusiven Kreises spirituell orientierter Menschen gemacht hatte.

In diesem Milieu lernte Rachel Bespaloff all jene Persönlichkeiten kennen, denen sie zeit ihres Lebens menschlich und intellektuell verbunden bleiben würde: allen voran den Bergson-Schüler Jean Wahl, den Essayisten und Historiker Daniel Halévy, den katholischen Philosophen Gabriel Marcel, den rumänischen Gelehrten Benjamine Fondane sowie Jacques Schiffrin, durch dessen Vermittlung es später zur Erstveröffentlichung des vorliegenden Essays in den USA kommen sollte. Die Einbindung in einen vertrauten Kreis von Gleichgesinnten war es, die ihr in den Jahren des amerikanischen Exils die Kraft geben sollte, trotz zunehmend belastender persönlicher Lebensumstände, an ihrer Arbeit festzuhalten.[3] Obgleich sich Bespaloff im Verlauf der 1930er-Jahre zunehmend vom radikalen Irrationalismus Schestows distanzierte, verleugnete sie doch niemals die Bedeutung seiner Lehren für ihren geistigen Lebensweg.[4] Die Pariser Jahre blieben die erfülltesten ihres Lebens, keine spätere Phase kam ihrer Intensität gleich.

Zu einem krassen Bruch kam es nach dem Tod ihres Vaters im Jahre 1930, als die junge Familie aufgrund finanzieller Schwierigkeiten gezwungen war, Paris zu verlassen. In Saint Raphaël, einem kleinen Ort an der Côte d'Azur, versuchte sich ihr Mann fortan in der Landwirtschaft eine neue Existenz aufzubauen.

Für Bespaloff kam dieser Umzug einer Katastrophe gleich. Sie vermisste die intellektuellen Anregungen des großstädtischen Lebens, zugleich intensivierte sie, um der drohenden geistigen Verkümmerung Einhalt zu gebieten, ihre philosophischen Studien, deren Resultate sich zunächst in ausführlichen Briefkommentaren an ihre Freunde in Paris, insbesondere an Jean Wahl, niederschlugen.

In diese schwierige, von Selbstzweifeln und Depressionen zerrissene Phase ihres Lebens fiel die

Lektüre von Heideggers *Sein und Zeit* – eines Werkes, das damals noch nicht ins Französische übersetzt war und erst langsam die philosophische Öffentlichkeit links des Rheins erreichte.

Lange bevor Heidegger in den 1950er-Jahren in Frankreich zum Philosophen der Stunde avancierte, veröffentlichte Rachel Bespaloff 1933 in der renommierten Zeitschrift *La Revue philosophique de la France et de l'Étranger* eine erste Annäherung in Briefform.[5] In loser Folge sollten dort in den folgenden Jahren weitere Essays zu Julien Green, André Malraux, Gabriel Marcel, Sören Kierkegaard und Jean Wahl erscheinen, die 1938 unter dem Titel *Cheminements et Carrefours* als Buch gedruckt wurden.[6] Folgt man der Einschätzung Monique Jutrins, Bespaloffs französischer Herausgeberin, so liegt die Besonderheit ihrer literarischen Portraits darin, jeweils den Menschen als lebendige Quelle seines Werkes erfahrbar zu machen.

Bespaloff ist eine empathische Leserin.

Im Frühjahr 1938 beginnt sie aus einer Alltagssituation heraus – sie soll ihrer heranwachsenden Tochter bei den Schularbeiten helfen – mit der Lektüre der *Ilias*. Unmittelbar zieht das Werk sie in seinen Bann. Vor dem zeitgeschichtlichen Hintergrund der sich zuspitzenden weltpolitischen Ereignisse liest Bespaloff – Frau, Jüdin und philosophische Autodidaktin – das homerische Epos über den »Krieg als Vater aller Dinge« (Heraklit) mit der Unvoreingenommenheit und Neugierde einer

Leserin, die, unbelastet von der Bürde der akademischen Homer-Rezeption, eine neue Welt betritt: offen, sich von ihren ambivalenten Lebenswirklichkeiten anregen zu lassen und sie ins Verhältnis zur eigenen Gegenwart zu setzen. In rascher Folge entstanden die ersten Kapitel ihres Buches – zunächst ohne konkrete Aussicht auf Veröffentlichung.

Nach dem Einmarsch der deutschen Truppen im Jahre 1940 verschärfte sich die Lage der Juden in Frankreich stetig. 1942 entschloss sich die Familie deshalb zur Emigration in die USA. Im Gegensatz zu anderen Flüchtlingen war ihre Situation durchaus privilegiert: Ein in den USA lebender Onkel hatte für Visa gesorgt, und es herrschte offenbar keine materielle Not. Bereits kurze Zeit nach ihrer Ankunft in New York fand Bespaloff eine Anstellung bei der französischsprachigen Abteilung des US-amerikanischen Auslandssenders *Voice of America*, und aufgrund der Fürsprache Jean Wahls, dem es inzwischen ebenfalls gelungen war, in die USA auszureisen, erhielt sie 1943 eine Dozentur für Französische Literatur am Mount Holyoke College in Massachusetts. Noch im selben Jahr beendete sie ihre Arbeit an dem *Ilias*-Aufsatz, der wenig später in New York veröffentlicht wurde.[7]

Wenngleich Bespaloff also bestens vernetzt war, gelang es ihr dennoch nicht, in den USA heimisch zu werden. Ihr Herz hing an Europa, zumal an Paris, wo sie in einem inspirierenden Freundeskreis ihr intellektuelles Selbstverständnis entwickeln und festigen hatte können.

Es ist überliefert, dass ihre distinguierte Erscheinung sie in ihrem amerikanischen Umfeld als fremd und nicht zugehörig erscheinen ließ. Ihr zurückhaltendes Auftreten stand in einem unübersehbaren Kontrast zu den burschikosen Umgangsformen ihrer neuen Heimat. Das Gefühl der Fremdheit muss auf Gegenseitigkeit beruht haben, denn wenngleich es an Möglichkeiten der Kontaktaufnahme schon aufgrund ihrer Lehrtätigkeit in Mount Holyoke nicht gemangelt haben dürfte, kam es in dieser Zeit zu keinen neuen Bindungen. Bespaloff verblieb in ihrem vertrauten Pariser Kreis, der fast ausschließlich aus Juden bestand, die während der Kriegsjahre nahezu geschlossen in die USA gelangt waren.

In ihren letzten Lebensjahren setzte sie sich intensiv mit dem Schicksal des jüdischen Volkes auseinander: Ihr letzter, posthum veröffentlichter Aufsatz »De la double appartenance«[8] ist eine eindringliche Reflexion über die jüdische Identität.

Nachdem ihr engster Freund Jean Wahl unmittelbar nach Kriegsende in seine französische Heimat zurückgekehrt war, wurde der russische Musikwissenschaftler Boris de Schloetzer (1881–1969) zu ihrem engsten Vertrauten. Er war es, dem Bespaloff ihre belastende häusliche Situation offenbarte.

Sowohl ihr Mann als auch ihre Mutter, die mit der Familie in einem gemeinsamen Haushalt lebte, waren schwer krank und wetteiferten rücksichtslos um ihre Aufmerksamkeit, was den Alltag zu einer Zerreißprobe machte. Das zutiefst gestörte familiäre Beziehungsgeflecht legte sie auf eine Rolle fest, die sie weder ausfüllen konnte noch wollte. Zwar gelang es ihr phasenweise, sich in die Arbeit zu retten, nachdem jedoch ihr Mann gestorben und ihre Tochter zum Studium nach New York gegangen war, verließen sie ihre Kräfte. Trotz eines Stipendiums, das ihr von der Bollingen Foundation[9] für eine wissenschaftliche Arbeit zum Thema »Freiheit und Augenblick« verliehen worden war,[10] empfand sie ihre persönliche Situation als ausweglos. Am 6. April 1949 setzte sie in die Tat um, was sie bereits von langer Hand geplant hatte: Sie dichtete ihre Küche mit Handtüchern ab und drehte den Gashahn auf, um gemeinsam mit ihrer krebskranken Mutter zu sterben.

Rachel Bespaloff hinterließ keinen Abschiedsbrief im eigentlichen Sinne, lediglich ein Schreiben an den Direktor der französischen Fakultät des Mount Holyoke College, das sie kurz vor ihrem Tod verfasst hatte und in dem sie ihren Entschluss mit einem einzigen lakonischen Satz kommentierte: »Ne cherchez pas d'autre raison pour mon suicide que mon estrême fatigue.«[11]

Wanderung durch ein Epos

In einem Brief an Daniel Halévy vom 11. Mai 1939 schreibt Rachel Bespaloff: »Ich habe mich an Homer geklammert. Er verkörperte das Wahre: den Ton, das Gewicht der Wahrheit. Im Übrigen halte ich Bibel und die *Ilias* im wahrsten Sinne des Wortes für *inspirierte* Bücher. Es war wie eine Reinigung, ein nicht länger flackerndes Licht in der Finsternis.«[12]

Bespaloff begegnet Homer so, wie man einem lebendigen Menschen begegnet: neugierig und erwartungsvoll. Inmitten von politischen Wirren und persönlicher Desorientierung ist er für sie ein Fels in der Brandung, ein geistiger Halt in haltlosen Zeiten.

Schon bald rückt der eigentliche Anlass ihrer Lektüre – die Schularbeiten ihrer Tochter – in den Hintergrund, und sie beginnt das Epos selbstständig zu erkunden. Dass sie eben keine studierte Philologin ist, verleiht ihrem Blick eine gewisse Unbefangenheit; aufgrund ihrer philosophischen Vorbildung, insbesondere ihres Studiums von *Sein und Zeit*, rücken stattdessen analytische Aspekte in den Vordergrund. Ohne Umwege befragt sie die *Ilias* direkt in Hinblick auf ihre zeitlosen Inhalte, sprich ihre existenzielle Dimension. Im Zentrum steht dabei das Verhältnis des Seins an sich zu seinen mannigfaltigen Manifestationen. Auch wenn Heidegger an keiner Stelle namentlich erwähnt wird, ist er mit seiner grundsätzlichen Unterscheidung von Sein und Seiendem doch als Impulsgeber ihrer Lektüre stets präsent.

Für Bespaloff ist Homer kein literarischer Übervater; sie interessiert sich nicht für die *homerische Frage*, die exakte geografische und historische Verortung des Geschehens, sondern dafür, was das Epos seinen Lesern hier und heute noch zu sagen hat. Weder hat sie eine These noch eine ausgesprochene Methode. Ihr geht es um Verlebendigung, sprich darum, die reale Gegenwart des Mythos freizulegen. Die Gegenspieler Hektor und Achill, die schöne Helena und der im Unglück gereifte Priamos begegnen uns in ihrem Essay als Menschen aus Fleisch und Blut, deren Geschichte wir nachempfinden und mit unserer eigenen in Beziehung setzen können.

In den ersten drei Kapiteln des Buches zeichnet sie eindringliche Portraits der Protagonisten: Da ist Hektor, der Held der Gerechtigkeit, sein Widersacher, der grausame Achill, dessen Charakter sich aus einer fatalen Mutterbindung heraus entwickelt, die unschuldige Meeresnymphe Thetis und schließlich Helena, die den Fluch makelloser Schönheit verkörpert. Die menschlichen Konstellationen, in die hinein die Protagonisten *geworfen* sind und aufgrund derer sich ihr Charakter formt, sind komplex und vieldeutig – bei Homer nicht anders als im wirklichen Leben. So sehr der Einzelne auch versuchen mag, sich von seinen Prägungen zu emanzipieren, wird es ihm doch niemals vollkommen gelingen, aus der Geschichte, die im Mythos als Mechanik der Elementarkräfte vergegenwärtigt wird, auszutreten. Krieg und Frieden, Zerstörung und Wiederaufbau, Verrat und Liebe sind die archetypischen Antagonismen, aus denen heraus sich die persönliche Lebensgeschichte ebenso wie die Menschheitsgeschichte entfalten *muss*. Aus einer Ur-Energie, die weder positiv noch negativ zu klassifizieren ist, erwächst das Naturgesetz von Anziehung und Abstoßung, dessen Dynamik sich bald in dieser, bald in jener Form materialisiert: in Hektors gereifter Männlichkeit ebenso wie im Wüten Achills. Im Gegensatz zur rettenden Gnade Gottes, die in den monotheistischen Religionen das innerweltliche Chaos noch in den scheinbar ausweglosesten Situationen in Heilsgeschehen zu verwandeln vermag, steht im antiken Denken die Liebe zum Schicksal, sprich das *Aushalten* der unabänderlichen Bedingtheit des menschlichen Lebens und die bewusste Akzeptanz seiner Unvollkommenheit und Zerrissenheit:

> »Homer wundert sich nicht, noch empört er sich, noch hofft er auf eine Antwort. Wo sind in der *Ilias* die Guten? Wo die Bösen? Wohin man auch blickt, nichts als leidende Menschen, Krieger im Kampf, die triumphieren oder unterliegen. Die Forderungen der Gerechtigkeit werden allein in der Trauer um sie und im Bekenntnis zum

> Schweigen kenntlich. Die Kraft, sie zu verdammen oder sie freizusprechen, würde bedeuten, das Leben selbst zu verdammen oder freizusprechen.«[13]

Es leuchtet unmittelbar ein, dass ohne eschatologische Ermutigung des Menschen Gerechtigkeit auf Erden schlechterdings undenkbar ist. Und so fordert Homer die »Wiedergutmachung einzig von der Poesie, die der neu gewonnenen Schönheit das Geheimnis der von der Geschichte negierten Gerechtigkeit raubt«.[14] Erlösung wird also nicht ins Jenseits projiziert, sondern erscheint in der poetischen Aneignung als reale Möglichkeit der Verarbeitung all dessen, was im wirklichen Leben stets aufs Neue scheitern muss. Nur im Epos – und im erweiterten Sinne in der Kunst allgemein – kann die disparate Welterfahrung des Menschen zumindest kenntlich werden: in der Schönheit toter Krieger, der Faszination kämpfender Körper, der existenziellen Gemeinschaft von Tätern und Opfern, Siegern und Verlierern.[15]

Nur von diesen zumeist verdrängten Bewusstseinsinhalten her kann eine neue, höhere Wahrheit gedacht und künstlerisch ausgestaltet werden. Die Überlegenheit der homerischen Perspektive liegt in diesem Sinne in seinem großzügigen, niemals urteilenden Blick auf die menschliche *und* göttliche Tragikomödie.

Komplementär zur *Ilias* reflektiert Bespaloff im

zweiten Teil ihres Essays Tolstois *Krieg und Frieden* als moderne Variante der immer gleichen Erzählung von Tod und Zerstörung, eines archetypischen Geschehens, bei dem sich »die religiöse Umwandlung […] in heilige Dichtung vollzieht«.[16] Dabei arbeitet sie einen fundamentalen Unterschied im antiken und christlichen Denken heraus: die Gewissheit nämlich, im Besitz einer absoluten Wahrheit zu sein. Während Homer die verfeindeten Kriegsparteien als prinzipiell gleichwertige Gegner im Spiel der Elementarkräfte begreift, verkörpern sie bei Tolstoi Ideen, die in einem hierarchischen Verhältnis zueinanderstehen. Im Gegensatz zu Homer ist Tolstoi keineswegs unparteiisch, sondern steht als Russe fraglos aufseiten des eigenen Volkes, das er als moralisch überlegen betrachtet und dadurch als historisch rechtmäßigen Sieger des Krieges legitimiert. Dazu Bespaloff:

> »Noch am Höhepunkt des Schlachtengetümmels können die Gegner einander Gerechtigkeit widerfahren lassen und sich großherzig zeigen. Das ändert sich grundsätzlich in dem Moment, in dem es nicht mehr um körperliche, sondern um geistige Überlegenheit geht. Wo sich der Krieg als Zweikampf zwischen Wahrheit und Lüge konkretisiert, ist gegenseitige Achtung nicht mehr möglich. In einem Kampf, der wie in der Bibel den einen gegen den anderen aufstellt, Gott gegen die falschen Götter, das Ewige gegen

das Idol, wird es keinen Waffenstillstand geben können. Man ist in einen totalen Krieg eingetreten, der an allen Fronten ausgetragen werden muss, bis das Idol vernichtet, die Lüge ausgerottet ist. Dem Gegner Respekt zu zollen würde nun bedeuten, dem Falschen die Ehre zu erweisen, sprich gegen die Wahrheit zu zeugen.«[17]

Während Homers Überparteilichkeit es ihm erlaubt, das Ideal menschlicher Größe ausgerechnet in der Person des Trojaners Hektor darzustellen, repräsentiert Napoleon für Tolstoi nicht nur den Feind seines Volkes, sondern den Gegenspieler Gottes schlechthin. Der christliche Dualismus von Gut und Böse hat die Fronten verhärtet; unter seinem Vorzeichen kann es keine Versöhnung zwischen den Kriegsgegnern mehr geben; einzig die Gnade Gottes kann diese auf einer höheren Ebene *gewähren*.

Den großen Menschheitsthemen von Schuld und Sühne, Rache und Vergebung und dem Vergessen ist das vorletzte Kapitel des Essays gewidmet.

Anhand der Schlussszene der *Ilias*, dem Mahl von Priamos und Achill, denkt Bespaloff über das antike Äquivalent zur christlichen Vergebung, das Vergessen, nach. Nur weil er die Vergangenheit bereits innerlich ad acta gelegt hat, ist es Priamos überhaupt möglich, sich mit dem Mörder seines Sohnes an einen Tisch setzen: »Das nächtliche

Mahl ist kein Traum, es vollzieht sich nicht außerhalb des körperlichen Lebens, sondern ist vielmehr im Leben selbst die Verherrlichung dessen, was es überschreitet und heiligt.«[18]

Die Tatsache, dass die ehemaligen Widersacher das ihnen zugefügte Unrecht zu vergessen imstande sind, eröffnet in der *Ilias* einen zeitlosen Raum absoluter Stille: die Waffen schweigen. Schwäche, Zärtlichkeit und Rührung triumphieren einen Augenblick lang über Krieg und Gewalt. Das Vergessen all dessen was geschah, ist die Voraussetzung für den Neubeginn. Weder kann das Vergangene ungeschehen gemacht werden, noch gibt es Hoffnung zu der Annahme, die Zukunft könne sich friedlicher und menschlicher gestalten – und dennoch. Ebenso real wie das grausame Kriegsgeschehen ist dieser Moment des Innehaltens, der sich im Hier und Jetzt vollzieht, *in* der Geschichte und nicht *außerhalb* ihrer. Das gemeinsame Essen von Priamos und Achill steht in diesem Sinne für die erhabene Nüchternheit des Menschenbildes in der Antike: In der vollkommenen Ruhe der Vergessenheit ist der qualitative Unterschied zwischen Siegern und Besiegten definitiv aufgehoben.

Was Bespaloff hier, geschult an ihrer Heidegger-Lektüre, hervorhebt, ist die Proklamation des reinen Seins als Quelle aller seiner individuellen Manifestationen, sprich der »Identität des Seienden jenseits der Teilungen des Seins«.[19] Dieser Gedanke schlägt den Bogen von Homer zu den Propheten des Alten Testaments, deren Parallelen sie im letzten Kapitel ihres Buches nachspürt. *Ilias* und Bibel werden dabei als Vorstufen der beiden Systeme kenntlich, in denen sie schließlich aufgehen werden, des Platonismus und des Christentums: »Als die außerordentliche Inspiriertheit der prophetischen Poesie versiegt, verkommt die Religion der Bibel zu fiebriger messianischer Mystik, und als die griechische Philosophie die Fragen Homers und Aischylos' durch Antworten zu ersetzen beginnt, verwandelt sich das tragische Ethos in Stoizismus.«[20]

Indem der Mensch sein vermeintliches Anrecht auf Herrschaft immer rücksichtsloser durchsetzt, büßt er die »Demut im Angesicht der Wirklichkeit nicht zu zähmenden Seins«[21] ein und damit das natürliche Korrektiv seiner Hybris. In *Ilias* und Altem Testament erkennt Bespaloff im Gegensatz zu Platonismus und Christentum, deren Absolutheitsanspruch Macht, Krieg und Gewalt unausweichlich macht, den Zauber des Anbeginns, sprich die im Werden begriffene Selbstschau des Menschen in ihrer ganzen Potenzialität: als poetisches Staunen, als Mut zur offenen Frage.

Rachel Bespaloffs hellsichtige und inspirierte Homer-Lektüre ist umso bemerkenswerter, als sie in eine Zeit fällt, in der sie mit ihrer eigenen Familie in den Strudel der Kriegswirren gerät und zur Flucht aus ihrer Heimat gezwungen wird. Vergeblich sucht man ihrem Essay nach einer Verurteilung des Krieges *an sich*.

Ihre unparteiische Sichtweise unterscheidet sich grundlegend von derjenigen Simone Weils, die ungefähr zeitgleich ebenfalls an einem Aufsatz über die *Ilias* arbeitet: »Die Illias oder das Poem der Gewalt«.[22]

Zwei Frauen, Jüdinnen, Denkerinnen außerhalb des akademischen Lebens, die sich vor dem Hintergrund des Zweiten Weltkrieges ohne voneinander zu wissen mit demselben Gegenstand beschäftigen und dabei zu grundsätzlich unterschiedlichen Schlussfolgerungen gelangen: Während Bespaloff sich in die *Ilias* wie auf eine Entdeckungsreise begibt, weiß Weil vom ersten Augenblick an, wohin sie will. Schon der erste Satz ihres Essays ist als These formuliert: »Der eigentliche Held, der eigentliche Gegenstand und das eigentliche Zentrum der Ilias ist die Gewalt.«[23] Während Bespaloff durch ihre vorurteilslose Annäherung an die Protagonisten eher Fragen aufwirft, geht es Weil, ganz im Sinne ihres radikalen Pazifismus und Antimilitarismus, um Kronzeugenschaft: Sie liest die *Ilias* als Antikriegsepos schlechthin. Während die Kraft/Gewalt für Bespaloff an sich neutral ist und daher sowohl zum Guten wie zum Bösen ausschlagen kann, ist sie für Weil die Quelle allen Übels.[24]

Weil, die sich im Jahre 1943 in England das Leben nahm, konnte Bespaloffs Aufsatz nicht kennen, diese jedoch kannte umgekehrt Weils Essay, den sie offenbar 1942 auf der Überfahrt von Marseille nach New York auf Anregung des gemeinsamen

Freundes Jean Wahl gelesen hatte. Ihr eigenes Manuskript war zum damaligen Zeitpunkt bereits weitgehend abgeschlossen. Wie aus ihren Briefen an Jean Wahl hervorgeht, nahm sie im Anschluss an ihre Lektüre zwar geringfügige Änderungen vor, ihre eigene Argumentation blieb allerdings unverändert. Aufgrund der verblüffenden zeitlichen und thematischen Koinzidenz der beiden Bücher wurde bereits Ende der 1940er-Jahre der Wunsch nach einer gemeinsamen Ausgabe laut, der allerdings erst im Jahre 2005 mit der aktuellen amerikanischen Ausgabe verwirklicht werden konnte.[25]

Kurze Geschichte eines Buches

Die erste Ausgabe des *Ilias*-Essays erschien im Jahre 1943 auf Vermittlung und mit einem Vorwort von Jean Wahl im französischen Original in New York.[26] Das Imprint »Brentano's«, unter dem das Buch veröffentlicht wurde, stand für den Verlagszweig einer unabhängigen Buchhandelskette, die sich auf die Herausgabe französischer Exilautoren in ihrer Originalsprache spezialisiert hatte.

Durch die Lehrtätigkeit Wahls und Bespaloffs am Mount Holyoke College, zur damaligen Zeit eine der zentralen Anlaufstellen jüdischer Emigranten in den USA, ergab sich in den darauffolgenden Jahren der Kontakt mit der Bollingen Foundation, einer dem Werk C. G. Jungs verpflichteten Stiftung, die gerade eine Schriftenreihe zur Mythen- und Archetypenforschung ins Leben gerufen hatte. In der Tradition der sogenannten *Dekaden von Pontigny*, einer renommierten europäischen Studienveranstaltung in der französischen Bourgogne, bei der zwischen 1910 und 1939 einmal jährlich Intellektuelle und Künstler bei Vorträgen und Gesprächen zu Themen der Zeit zusammengekommen waren, hatte man in Mount Holyoke von 1942 bis 1944 ähnliche Treffen in Form von *Summer Schools* organisiert. Zahlreiche Teilnehmer wurden später von der Bollingen Foundation durch Stipendien und Vermittlung von Publikationsmöglichkeiten unterstützt.[27]

Im Jahre 1947 erschien die englische Übersetzung aus der Feder von Mary McCarthy, in der Schriftenreihe der Stiftung.[28] Das Vorwort steuerte Hermann Broch bei, der den Anlass jedoch eher zum Vorwand nahm, seine eigenen Überlegungen zur Mythentheorie darzulegen und zu begründen.

Die vorliegende Ausgabe dokumentiert beide Vorworte als historische Annäherungen an eine Autorin, deren Verdienst es ist, die lebendige Kraft des Epos freigelegt und damit einen offenen Raum geschaffen zu haben, in dem die Nachgeboren ihre eigene Zeit im Spiegel der mythischen befragen können.

Anmerkungen

1 Die biografischen Angaben entnehme ich der Studie der italienischen Philosophin Laura Sanò, *Un pensiero in esilio. La filosofia di Rachel Bespaloff. Con una prefazione di Remo Bodei*, Neapel 2007, S. 29–32.

2 Über die Biografie Rachel Bespaloffs ist nicht sehr viel bekannt. Sie selbst scheint, was die Mitteilung von Persönlichem betrifft, ein äußerst zurückhaltender Mensch gewesen zu sein. Der Hinweis auf den Verzicht auf eine musikalische Karriere zugunsten ihrer Aufgaben als Ehefrau und Mutter stammt aus dem kurzen Nachwort zur französischen Ausgabe des *Ilias*-Essays aus der Feder der Herausgeberin Monique Jutrin: Rachel Bespaloff, *De l'Iliade. Présenté par Monique Jutrin*, Paris 2004, darin: »Notice«, S. 87.

3 Interessant ist, dass Bespaloff keine Frauen-Freundschaft pflegte, was darauf zurückzuführen sein mag, dass Frauen in Philosophen-Kreisen grundsätzlich unterrepräsentiert waren und immer noch sind und auf ein besonderes Interesse an rein geistig ausgerichteten Freundschaften schließen lässt.

4 Sanò, a. a. O., S. 32: In einem Brief an Jean Wahl schreibt Rachel Bespaloff über ihn: »Ich muss oft an unsere erste Begegnung in der kleinen Wohnung in der Rue Abbé Grégoire denken, die den vielen Woh-

nungen glich, die er im Laufe seines Lebens bewohnt hat, an diesen Weisen mit seinen hellen Augen, der die Weisheit verdammte … mit seinem Blick einer fernen Traurigkeit … Es kann keine tiefe Anhänglichkeit geben, ohne dass an deren Beginn nicht die Dankbarkeit stünde: meine, Schestow gegenüber, ist immens. Unglücklicherweise hat er niemals eingesehen, dass Treue sich nicht nur erhalten, sondern im Zeichen innerer Distanzierung sogar noch wachsen kann.« (Übersetzung aus dem Italienischen: SG)

5 Rachel Bespaloff, »Lettre sur Heidegger à M. Daniel Halévy«, in: *Revue philosophique de la France et de l'Étranger*, novembre-décembre 1933. Neudruck in: *Conférence* No. 6, printemps 1998.

6 Rachel Bespaloff, *Cheminements et Carrefours*, Paris 1938. Aktuelle Ausgabe: Dies., *Cheminements et Carrefours: Julien Green, André Malraux, Gabriel Marcel, Kierkegaard, Chestov devant Nietzsche*, Paris 2004. Die Erstausgabe ist Leo Schestow gewidmet.

7 Rachel Bespaloff, *De l'Iliade*, New York 1943.

8 Rachel Bespaloff, »De la double appartenance«, in: *Conférence* No. 12, printemps 2001.

9 Die Bollingen Foundation war eine Stiftung, die 1945 von dem Multimillionär und Philanthropen Paul Mellon und seiner Frau Mary Conover Mellon ins Leben gerufen wurde und bis 1968 existierte. Der Name der Stiftung geht auf Carl Gustav Jungs schweizerischen Wohnort Bollingen zurück; die Orientierung an seinem Denken gab die Leitlinien vor.

10 Vgl. Jutrin, »Notice«, S. 89.

11 »Suchen Sie für meinen Selbstmord keinen anderen Grund als meine extreme Müdigkeit.« Vgl. Sanò, a. a. O., S. 45, Anmerkung 50. (Übersetzung: SG).

12 Vgl. ebd., S. 138 (Übersetzung: SG).

13 Rachel Bespaloff, *Die Ilias*, in dieser Ausgabe S. 18 f.
14 Ebd., S. 18.
15 So gibt es in der gesamten *Ilias* keine ausdrückliche Verurteilung des Krieges an sich. Im Gegenteil wird immer wieder seine Ambivalenz hervorgehoben, nicht zuletzt deshalb, da er dem, was er zerstört, eine Bedeutung beimisst, die seinen eigentlichen Wert erst erkennbar werden lässt und sogar noch steigert. Vgl. dazu auch: Sanò, a. a. O., S. 162.
16 Rachel Bespaloff, *Die Ilias*, in dieser Ausgabe S. 51.
17 Ebd., S. 56.
18 Ebd., S. 65.
19 Ebd., S. 74.
20 Ebd., S. 79.
21 Ebd., S. 82.
22 Simone Weil, »Die Illias oder das Poem der Gewalt«, in: dies., *Krieg und Gewalt, Essays und Aufzeichnungen*, Zürich 2011.
23 Ebd., S. 161.
24 In den französischen Originaltexten verwenden beide Autorinnen das Wort »force«, das man in den romanischen Sprachen problemlos mit »forza« im Italienischen und »fuerza« im Spanischen übersetzen kann. Im Deutschen entspricht es der »Kraft«, wobei dieses Wort in den zur Diskussion stehenden Kontexten eher schwach erscheint, da in ihm vordergründig nicht die Dimension des Gewalttätigen mitschwingt. Aus diesem Grunde wurde in der deutschen Übersetzung von Simone Weils Essay (2011) wohl die Übersetzung mit »Gewalt« gewählt, während die amerikanische Ausgabe (2005) das Wort mit »force« und nicht mit »violence« übersetzt. Ich selbst habe in meiner Übersetzung variiert und den Begriff im jeweiligen Kontext entweder mit »Kraft« oder »Gewalt« übersetzt.

25 *War And The Illiad. Simone Weil/Rachel Bespaloff. With an essay by Hermann Broch. Introduction by Christopher Benfey*, New York, 2005.

26 Rachel Bespaloff, *De l'Iliade*, New York 1943.

27 Vgl. Sanò, a. a. O., S. 117 ff. Die Veranstaltungen waren hochkarätig besetzt. So nahmen an ihnen in den Jahren 1943 und 1944 etwa Claude Lévi-Strauss, Roman Jakobsen, Hannah Arendt, Wallace Stevens, Marc Chagall und Robert Motherwell teil.

28 Rachel Bespaloff, *On the Iliad*, New York 1947 (Bollingen Series IX). Der Pantheon Verlag, unter dessen Dach die Schriftenreihe »Bollingen Series« erschien, wurde 1942 von den Exilautoren Kurt und Helen Wolf sowie Jacques Schiffrin in New York gegründet.

Erste Auflage Berlin 2019

Göhrener Str. 7 | 10437 Berlin
info@matthes-seitz-berlin.de

Satz: psb, Berlin
Druck und Bindung: Art Druk, Szczecin
Umschlaggestaltung nach einer Idee von Pierre Faucheux
ISBN 978-3-95757-453-4

www.matthes-seitz-berlin.de